ビジネスマナーの「なんで?」がわかる本

——新社会人の常識 50問50答

山田千穂子

講談社+α文庫

はじめに

「マナーって何ですか?」

年間250回を超える研修の中で、受講者の皆さんにこう問いかけます。すると「常識ですよね」との答えが返ってきます。

そう、ビジネスマナーは仕事を円滑に進めていく基本であり、常識です。マナーとは、訳せば「礼儀・方法」。相手に不快な思いをさせないための言動です。

しかし、単に「形」「型」ではなく、「心」が大切です。相手を大切に思う心を言葉や態度で表現するのが真のマナーなのです。いくら相手を大切に思っていても、表現しなければ相手には伝わりません。そこで「形」が必要なのです。

ビジネスは、人と人、会社と会社の信頼関係で成り立っています。東京オリンピック開催が決定しました。キーワードは「おもてなし」。ビジネスとは、まさにおもてなしを実践する場であり、大切なのは「相手を思う心」です。あなたが社会人の常識を理解し、きちんとしたマナーを実践していくことで、自分と会社にプラスを生み出す行動ができる人財となれます。これからのビジネスシーンで、今自分は何を求められているのか、相手の立場に立って考え行動することで、しっかりと信頼関係を築いていきましょう。

本書では、新入社員の皆さんの「ここがわからない」という声をもとに、これだけは身につけてほしいビジネスマナーの基本について、なぜそうしなければいけないのか、そこにどんな意味があるのか、基礎からお伝えしています。新入社員の皆さんはもとより、第一線でご活躍の方も「こんな時どうするの？」と思ったら、そのページを開いて確認してくださいね。

あなたがマナーを身につけ、活躍されることを心よりお祈り申し上げます。

山田千穂子

平成26年2月

新社会人の常識50問50答　ビジネスマナーの「なんで?」がわかる本◎目次

4 来客応対

5　訪問

6 電話応対

7　仕事の進め方

8 飲み会

1 ビジネスの基本

❶「そんなの常識だろ」って、どんなことが常識なの？

常識とは社会人が持つべき知識、価値観、判断力のこと

日常生活のさまざまな場面で、守るべきルールや習慣があります。それらを総じて「常識」と言います。家庭でしつけられた「行儀作法」もそのひとつ。

ビジネスにおいても、上司や同僚、取引先など、さまざまな方と接する環境の中で、「常識」は欠かせません。

ビジネスにおける常識とは、**「年齢も性別も社会的地位も違う人たちが、その違いを埋めて仕事を進めるためのベースとなるもの」**です。

そのことを具体的に表現したものが「ビジネスマナー」です。

基本的な常識があり、正しいビジネスマナーを身につけていれば、ほとんどの人と普通の人間関係を築くことができます。

反対に、社会的な慣習や一般的な常識を知らないと、「こんなことも知らないのか」と思われ、恥をかいてしまいます。

もっと悪くすると、知らないことで会社に迷惑をかけたり、相手に不快感を与えて人間関係が悪くなったりすることもあります。

また、ある社会の常識が、別の社会では非常識となることもあります。

たとえば学生の時、友人と喫茶店に入ったら携帯電話をテーブルに置くのは、当たり前だったかもしれません。でも、商談の場でその行為は非常識。相手は不快な気持ちになります。それは、ビジネスにとってマイナスですよね。

社会人になったら、社会人としての常識、当たり前のこと（＝そうあるべきこと）を知ることが大切です。

そのためには、知らないことは知らないと伝えて素直に教えてもらい、まわりの先輩の言動から学ぶことです。素直な心と向上心を持って仕事に臨みましょう。

社会人としての立ち居振る舞い、考え方のベースとなるのは、**「相手に不快感を与えない」「相手を敬い、思いやる」**ことです。

公私のけじめをつけ、立場をわきまえた言動をし、ビジネスマナーの基本を身につければ、社会人として自信を持って行動できるようになります。

❷「身だしなみに気をつけろ！」と言われたけど、どこがいけないの？

身だしなみとは「相手に対する身のたしなみ」

おしゃれと身だしなみは違います。

おしゃれは自分をきれいに見せるためのもので、「自分中心」です。

それに対して、身だしなみは、相手に不快感を抱かせないような格好など、「相手（が受ける印象を）中心」に考えます。

個性を表現したい気持ちもわかりますが、**ビジネスシーンでは、相手に不快感を与えない身だしなみが基本**です。

社会人として、身だしなみを整える際に気をつけるポイントは次の3つです。

1　清潔感

清潔でさわやかな印象を与える服装、髪型が大切です。

洗いたてのシャツであっても、シワシワだと清潔感が感じられませんし、毎日洗髪していても、整髪料べったりではさわやかさは感じられません。

口臭や香水など、目に見えないものも要注意。

また、**女性のノーメイクもビジネスシーンではマナー違反**です。最低限、眉を整え、薄くファンデーションと口紅を塗りましょう。

2 機能性

仕事に支障をきたすことがないような、機能的な格好をします。

たとえば、お辞儀をするたびに髪が顔にかかり、そのつど髪にさわるのは、一手間加わり、機能的とは言えません。

3 バランス

TPO（時・場所・状況）に合わせるバランス感覚が必要です。

スーツにスニーカーは論外ですが、ショルダーバッグの斜め掛けという格好もおすすめできません。スーツが型崩れし、だらしない印象を与えます。

会社の制服がある場合でも、通勤の際はどんな服装でもよいというわけではありません。オフではないので、通勤に適した格好をしましょう。

身だしなみには、あなた自身の内面が表れます。

流行にとらわれすぎず、控えめに。男女問わず、どんな年代の方にも好印象を抱いてもらえるように格好を整えること。それがビジネスシーンでのおしゃれです。

あなたの身だしなみをチェックしてみよう！

男性版　身だしなみチェックシート

項目		ポイント	チェック
頭・髪		髪は伸びすぎていませんか？	
		寝ぐせはありませんか？	
		フケや臭いはありませんか？	
顔		朝、顔は洗いましたか？	
		ひげのそり残しはありませんか？	
		歯を磨きましたか？　口臭はないですか？	
		目は充血していませんか？ 目ヤニはありませんか？	
		めがねは汚れていませんか？	
手		爪は伸びていませんか？	
		清潔ですか？	
服装	ワイシャツ	洗濯、クリーニングはされていますか？	
		きちんとプレスされていますか？ しわはありませんか？	
		襟や袖に汚れはありませんか？	
		袖口のボタンを留めていますか？	
	ジャケット	汚れたり、しわになったりしていませんか？	
		肩にフケは落ちていませんか？	
		立ち姿勢の際、ボタンは留めていますか？	
		ポケットが膨らむほど、物を入れていませんか？	

項　目		ポイント	チェック
服装	パンツ	ベルトは傷んでいませんか？	
		長さは適当ですか？	
		ずり落として腰ではいていませんか？	
	ネクタイ	色や柄はビジネスにふさわしいものですか？	
		結び目はゆるんでいませんか？ 曲がっていませんか？	
	靴・靴下	靴はきちんと磨かれていますか？	
		靴のかかとは磨り減っていませんか？	
		清潔ですか？　臭いや汚れはありませんか？	
		スポーツソックス、クルータイプソックスではありませんか？	
		ソックスに穴はあいていませんか？	
鞄		形や色はビジネスにふさわしいものですか？	
		型崩れしていませんか？	
その他		名刺は名刺入れに入れていますか？	

ひと言アドバイス

新入社員のうちは第一に清潔感を大切に。シャツはフォーマルにも対応できる白の無地が無難です。色シャツなら薄めの色がよいでしょう。

ネクタイは派手な柄ものは避け、色で個性を演出します。鞄は型崩れしにくい手さげタイプがよいでしょう。

女性版　身だしなみチェックシート

項目		ポイント	チェック
頭・髪		清潔感のあるスタイルですか？	
		寝ぐせはありませんか？	
		前髪が目にかかっていませんか？	
		派手なヘアアクセサリーをつけていませんか？	
		髪の色は適切ですか？	
顔・化粧		顔は洗って清潔にしていますか？	
		メイクが濃すぎませんか？	
		化粧崩れはしていませんか？	
		素顔（完全なノーメイク）ではありませんか？	
手		爪は伸びていませんか？	
		清潔ですか？	
		マニキュアは派手すぎず上品な色ですか？	
		マニキュアがはげていませんか？	
		ネイルアートや付け爪をしていませんか？	
服装	全体（制服）	襟や袖口に汚れはありませんか？	
		汚れやしわはありませんか？	
		インナーの色やデザインはビジネスにふさわしいものですか？（カジュアルすぎず上品なものですか？）	
		肩にフケは落ちていませんか？	
		ポケットが膨らむほど、物を入れていませんか？	
		スカートの裾がほつれていませんか？	
		下着のラインは出ていませんか？	

項　目		ポイント	チェック
服装	ストッキング	ナチュラルな色ですか？	
		伝線していませんか？	
		予備を用意していますか？	
	靴	きちんと磨かれていますか？	
		かかとは磨り減っていませんか？	
		色やデザインはビジネスにふさわしいものですか？	
		緊急時にお客様を安全に誘導できる安定感のあるデザインですか？（高すぎるヒールや細すぎるミュールはNG）	
	アクセサリー	目立たない上品なものですか？	
		イヤリングやピアスは、電話の邪魔にならない小ぶりのデザインですか？	
鞄		形や色はビジネスにふさわしいものですか？	
		型崩れしていませんか？	
その他		名刺は名刺入れに入れていますか？	

ひと言アドバイス

女性もやはり、「清潔感」が第一です。そこに上品さをプラスすると、さらに好感度が上がります。白いシャツの襟は、女優さんのレフ板効果と同じで顔色を明るく見せます。アクセサリーは「清楚さ」を基準に選びましょう。

③ 腕組みしていただけなのに担当をはずされた。どうして？

しぐさが相手に与える印象を意識しよう

あなたにとって腕組みは何気ないしぐさかもしれませんが、横柄で生意気、偉ぶって見えることがあります。人は態度から印象をとらえます。次のとおりです。

・足を組む→相手を拒絶している
・両手を腰に当てて話を聞く→相手を見下している
・目をキョロキョロさせる→自信がなさそう
・ペンを回す→相手の話に興味がない、聞いていないのではないかという不信感
・頬杖をつく→やる気がない
・顔や髪の毛にさわる→話がつまらない、興味がないのではないかという不信感
・貧乏ゆすり→落ち着かない。集中できない

人間のコミュニケーションにおいて、言葉が占める割合は7％、外見が55％、話し方・声の調子が38％と言われます。

自分が何気なくしてしまうくせが、相手にどのような印象を与えているかを意識し、マイナスの印象を与えてしまうしぐさや態度は改めましょう。

❹ 職場で上手にコミュニケーションをとるには？

コミュニケーション能力は、仕事をするうえで重要な能力

会社では、仕事の能力のほかに重要なことがあります。それは、人との関わり方、いわゆるコミュニケーション能力です。

会社員は、会社の中で、自分に与えられた仕事に責任を持って取り組み、チームワークで成果を出していきます。つまり、ビジネスの要は人間関係です。

したがって、会社のルールやマナーを守り、相手を思いやり、お互いが働きやすい環境をつくることが、会社の一員としての大切な役割でもあるのです。

職場でのコミュニケーションにおいては、5つのポイントがあります。

1　上司、先輩に敬意を払う

人生の先輩、仕事の先輩に対する尊敬の気持ちを持ち、どんなに親しくなっても、公私混同しないこと。苦手な人に対しては短所より長所に目を向け、存在を認めましょう。

2　感謝の気持ちを表す

仕事の仕方などを教えてもらった時には、そのつど感謝の気持ちを表しましょう。「ありがとうございます」のひと言を忘れずに。

3　注意、指導やアドバイスを謙虚な気持ちで素直に聞く

注意やアドバイスを受けるのも期待されているからこそです。「でも……」「だって……」と言い訳せず、謙虚な気持ちで受け止めましょう。過ちは素直に認め、自己反省し、行動を改めていく。それが成長する秘訣でもあります。

4　協調性を発揮する

仕事はチームワーク。進んでほかの人の仕事にも協力しましょう。まわりの人がどんな仕事をしているか関心を持ち、自分の仕事との関連を常に考えましょう。

5　仕事に対して積極的な態度で臨む

常に明るく「はい」と返事をして、雑用や人の嫌がる仕事も率先して行いましょう。新入社員はとくに、苦手な仕事でも積極的に取り組む姿勢が大切です。

ビジネスは一人ではできません。助言や協力を受けられる人間関係を、自ら築いていきましょう。

5 社会人としての正しい言葉遣いってどんなもの？

親しき仲にも礼儀あり。信頼される話し方をしよう

ちょっとした会話の際に友だち言葉を使ってしまう人がいます。

会社によっては許されるかもしれませんが、多くの場合、未熟な印象を与え、「この人、大丈夫かな」などと、相手から信頼を得ることができません。

「ビミョー」「みたいな」「感じ」「〜的な」「これって〜じゃないですか」などといった、若者にありがちなあいまいな表現も問題ありです。こんなあいまいな言葉を使う人に、安心して仕事を任せようという気は、誰だって持てませんよね。

ビジネスシーンにおいて若者言葉は厳禁です。相手への親しみを込めて、あえて若者言葉を使う人もいるようですが、「親しき仲にも礼儀あり」。公私の区別をし、社会人として正しい言葉遣いを心がけましょう。

また、言葉数が足りないなど、表現下手のせいで、相手を怒らせてしまう人もいます。

相手に何かをお願いする時や言いにくいことを伝える時に、その内容を言う前にひと言添えることで、相手の心に与える衝撃をやわらげる魔法の言葉があります。それが**「クッション言葉」**です。ビジネスでよく使うものを表にまとめましたので、参考にしてください。

クッション言葉を活用して、コミュニケーション上手になりましょう。

クッション言葉	使用例
失礼ですが	失礼ですが、どちら様でいらっしゃいますか?
恐れ入りますが	恐れ入りますが、こちらの席にお掛けになって少々お待ちいただけますか?
申し訳ございませんが	申し訳ございませんが、あいにくAは入荷待ちの状態でございます
もしよろしければ	もしよろしければ、Bではいかがでしょうか?
お手数ですが	お手数ですが、こちらにご記入いただけますか?
お差し支えなければ	お差し支えなければ、生年月日をご記入いただけますか?
せっかくですが	せっかくですが、その日は所用がございまして、参加いたしかねます

❻「了解しました」って言ったら怒られた。どうして？

返事にも相手に対する敬意を表すこと

「了解しました」という言葉の何が悪いのか、と疑問に思う人もいるでしょう。「了解する」とは、物事を理解したということ。ここに、相手に対する敬意は表れていません。

上司や先輩、お客様への返答には、敬意を示すことが必要です。こういう時は、**「かしこまりました」**、もしくは**「承りました」**を使いましょう。

「かしこまりました」とは、謹んで目上の人の指示や依頼を承るという意味で、「承る」とは、相手の提案や意見を謹んで受けるという意味。いずれも、相手を立てた表現です（敬語については38〜41ページ参照）。

ただし、ビジネスメールにおいては、相手の申し出を理解し、かつ承認したことを伝える時に「了解しました」を使う場合もあります（例：スケジュール変更の件、了解しました）。

なお、「ご苦労様でした」は、目上から目下への言葉ですから、先輩や上司には使ってはいけません。先輩や上司には**「お疲れ様でした」**と言います。

社会人として知っておきたい言葉遣い

社会人としての言葉遣いは、友だち同士の言葉とは違います。敬語とクッション言葉を使うことで、ビジネスにふさわしい表現にすることができます。

普通の表現	ビジネスにふさわしい表現
わたし・ぼく	わたくし
あの人・その人	あちらの方・そちらの方
うちの会社	わたくしども／当社／弊社
一緒の人	お連れの方
何の用ですか	失礼ですが、どのようなご用件でしょうか？
どうですか	いかがでしょうか？
わかりました	はい、かしこまりました／承知しました
わかりません	申し訳ございません。私では、わかりかねます
できません	申し訳ございません。私どもでは、いたしかねます
いいです	はい、それで結構です／よろしゅうございます
そうです	さようでございます
席にいません	あいにく、ただ今席をはずしております
あの～	恐れ入りますが／早速でございますが
ちょっとすみません	お話し中、恐れ入ります
ちょっと聞きたいのですが	少々伺いたいのですが、よろしいでしょうか？
よかったら	お差し支えなければ／よろしければ
～してください	恐れ入りますが、～していただけますか？ 恐れ入りますが、～していただけませんでしょうか？
すみません	申し訳ございません

7 敬語を使うことって、そんなに大切なの？

敬語を使いこなすことで仕事が広がる

敬語とは、相手に対する敬意を言葉に表したものです。

ビジネスでは、上司や先輩、社外の人、お客様など、**世代や立場の違う相手と良好な関係を保つため、正しい敬語を使うことが求められます**。

きちんとした敬語を使うと、相手も好意を持ってくれて、よいビジネスにつながります。敬語は、人と人とのコミュニケーションにおいては必要不可欠なマナーなのです。

敬語に苦手意識を抱いている人は少なくありませんが、基本知識&訓練で必ず身につきます。

最初のうちは誰でも戸惑うものですが、苦手意識を捨てて失敗を恐れず、自然と口から出るようになるまで訓練しましょう。

敬語の知識は、意識して学ぶことで身についていきます。知識はあなたの品格を高め、**敬語を使いこなせれば、人間としての成熟度が感じられ、安心感、信頼感につながります**。

敬語は大きく分けて**「尊敬語」「謙譲語」「丁寧語」**の3つに分類されます。これらを立場や役割、場面によって使い分けます。

社会人として押さえておいてほしい敬語の仕組み、ルールやタブーについては38～41ページにまとめていますので、確認しておきましょう。

敬語を使うことで、相手を敬う気持ちを表すだけでなく、自分自身の気持ちや場面を切り替えることもできます。

たとえば、たまたま取引先の担当者が友人だったとします。午後から打ち合わせをすることになったので、その前にランチを一緒にとることにした2人。ランチタイムはただの友人として、フレンドリーに話し、おおいに盛り上がってOK。しかし、打ち合わせに入ったら、ビジネスの場ですから敬語に切り替えましょう。

これはビジネスパーソンとして当然のことですが、そうすることによって自然と自分の意識もしっかり切り替えることができます。

まずは、基本の使い方を理解することから始めましょう。

敬語について学ぼう

敬語の基本的な仕組み

敬語は大きく分けて「尊敬語」「謙譲語」「丁寧語」の3つに分類されます（＊2007年より国の文化審議会では敬語を5分類にしていますが、本書では学校教育で主に行われている3分類で説明します）。

なお、説明文中の「相手」とは、目上の人、社外の人、初対面の人などを指しています。

【尊敬語】

・相手やその行動、相手の持ち物に対して敬意を表す言葉
・相手を自分より高めて敬意を表す言葉

【謙譲語】

自分や身内をへりくだらせる（低める）ことによって、結果的に相手が自分より高まるようにして敬意を表す言葉

謙譲語を使う対象は、自分と自分の身内（家族・お客様に対して社内の人物）

【丁寧語】

丁寧語と美化語の2つがある
・丁寧語＝「です」「ます」「ございます」など、語尾を丁寧にすることで敬意を表す言葉
・美化語＝名詞に「お」や「ご」をつけ、物事を美化して表現することで敬意を表す言葉

敬語の基本形

敬語の基本的な形は、動詞に一定の方式に従って言葉を付け加える、いわゆる「添加型」です。

【尊敬語】

- **「お（ご）＋動詞＋になる」型** ……（例）お話しになる、ご説明になる
- **「お（ご）＋動詞＋くださる」型** …（例）ご指摘くださる
- **「動詞＋れる、られる」型** ………（例）話される、行かれる

【謙譲語】

- **「お（ご）＋動詞＋する（いたす）」型** ……（例）お話しする、ご案内する
- **「お（ご）＋動詞＋させていただく」型** …（例）ご連絡させていただきます
- **「お（ご）＋動詞＋願う」型** ………………（例）ご利用願います

【間違った使い方】

●二重敬語

丁寧に言おうとするあまり、敬語を重ねて使ってしまう人がいますが、これは「二重敬語」といって誤った使い方。過剰な表現をすると、敬語に慣れていないことが相手に感じとられてしまいます。気をつけましょう。

例）「お客様がお越しになられました」
「お越しになる」という言葉自体が敬語であるので、「れる・られる」を付けず、「お越しになりました」と言いましょう。

●尊敬語と謙譲語の混同

自分に対して使うものである謙譲語に尊敬語を付ける、反対に尊敬語のあとに謙譲語を続けてしまうなど、混同して使うことも間違いです。

例）「あちらにお客様がおられる」
動詞「いる」の謙譲語「おる」に「れる・られる」の尊敬語を付けたため、謙譲語と尊敬語が混在しています。相手の行為には、尊敬語の「いらっしゃる」を使いましょう。

敬語の変換型

敬語にはもう一つ、動詞自体を変化させて言い換える「変換型」があります。敬語を使う際は、この「変換型」を優先して使用する決まりとなっています。

以下に、代表的な動詞の「変換型」を紹介しますので、押さえておきましょう。とくにビジネスで頻繁に使われる5大動詞「言う」「見る」「する」「いる」「行く」については、しっかり覚えてください。

動詞	尊敬語	謙譲語
言う	おっしゃる	申す・申し上げる
見る	ご覧になる	拝見する
する	なさる	いたす
いる	いらっしゃる	おる
行く	いらっしゃる	参る・伺う
来る	いらっしゃる おいでになる お越しになる お見えになる	参る
思う	(思《おぼ》す・思《おぼ》し召《め》す)	存じる
知っている	ご存じでいらっしゃる	存じる・存じ上げる
聞く	(聞《き》こし召す)	伺う・承る・拝聴する
受け取る		拝受する
食べる	召し上がる	いただく・頂戴する

＊(　　) 内の言葉は、現代ではほとんど使用されない表現です。
＊変換型の尊敬語がない言葉は空欄になっています。

尊敬語・謙譲語の優先順位

Ｐ40で述べたとおり、敬語は、まずその動詞自体を言い換える「変換型」を優先して使用し、その言葉の変換型が思い浮かばなかった時は「添加型」を使用します。

尊敬語・謙譲語の優先順位は以下のとおり。敬意のレベルも１の「変換型」が最も高く、２、３と順に低くなります。

●尊敬語

1　言葉自体を言い換える「変換型」
2　「お～になる」
3　「～れる」「～られる」

例）食べる
1　召し上がる
2　お食べになる
3　食べられる

＊「～れる」「～られる」は、言葉として軽い印象を与えるということ、他に「可能」「受け身」の用法があり、誤解を招くことがあるため、敬意は低いとされている。

●謙譲語

1　言葉自体を言い換える「変換型」
2　「お～する」

敬語の変換型の使用例

用語	用途	使用例
言う	尊敬語	お客様が、ほかの色の商品が欲しいと**おっしゃっています**
	謙譲語	先日、部長に**申しました**とおり～
見る	尊敬語	課長、この記事はもう**ご覧になりましたか**？
	謙譲語	私は先ほど、**拝見いたしました**
いる	尊敬語	そちらに**いらっしゃった**のですね
	謙譲語	明日の午後は会社に**おります**
知っている	尊敬語	課長は、○○社の△△部長を**ご存じでいらっしゃいますか**？
	謙譲語	私は、○○社の△△部長を**存じ上げております**

❽ 寝坊しちゃった！そんな時、なんて言い訳すればいいの？

言い訳はいらない。素直に謝り、出社時間を報告

寝坊して遅刻するのは、社会人として最も恥ずべきマナー違反。自己管理能力が問われます。日頃から責任感と自覚を持ち、決して遅刻しないことです。

万が一、寝坊してしまった時には、すぐに直属の上司に連絡を入れ、言い訳せず正直に、

「寝坊してしまいました。大変申し訳ございません。以後気をつけます」

と素直に謝りましょう。

そして、**「今から出ますので、10時には出社します。申し訳ございません」**と、出社時間を報告し、何はともあれ、急いで出社しましょう。

また、電車やバスなど、交通機関の遅延で遅れる時にも、すぐに会社に連絡を入れ、遅延状況や到着予定時刻を簡潔に知らせます。

一定時間以上の遅延が発生した場合、鉄道会社が遅延証明書を発行してくれます。これは遅刻原因が交通機関にあることを公に証明するものですので、必ず受け取り、

会社に提出しましょう。

朝起きたら高熱が出ていたなど、**急病で出社できない時は、始業時間10分前までに上司に連絡を**。言いやすいからと、仲のいい先輩などに伝言を頼むのはNG。直接、上司に連絡します。

「突然で申し訳ございません」とお詫びしてから、「高熱のため病院に行きたいので、休ませていただきたいのですが、よろしいでしょうか？」と状態を告げ、お伺いを立てましょう。一方的な報告はNGです。

上司の許可を得たら、業務に支障をきたさないために、**その日に予定していたスケジュールを伝えます**。早急な対応が必要なものは、誰かに代わって対応してもらうなど、手配をお願いすることを忘れずに。

ベッドから起き上がれない、意識がないなどのような重症でない限りは、**自分で連絡すること**。

言いにくいからと、母親に連絡を頼んだり、メールで連絡を入れたりするのは、当然、社会人として失格です。

2 挨拶

9 なんで挨拶しなきゃいけないの？

挨拶とは相手の心を開く言葉

人との出会いは、すべて挨拶から始まります。挨拶は人と人とのコミュニケーションの基本です。

どんなにパソコンの技術があっても、誰より仕事が速くても、きちんとした挨拶ができないというだけで、「あいつは挨拶もできない、ダメな奴だ」という評価を下されてしまいます。それほど挨拶は大切なのです。

「おはようございます」「ありがとうございます」

こんな簡単な言葉、いちいち言わなくたって、頭下げたし、わかるはず、と思うかもしれません。

でも、当たり前のことをきちんと行う、これがマナーです。

社会人として最初に求められる仕事は、挨拶と言ってもいいでしょう。

明るく元気な挨拶は職場を活性化します。本業ではまだまだであっても、元気な若手社員に期待される役割でもあるのです。

「挨拶」という漢字には、「押す」「開く」という意味があります。つまり、相手の心に押し迫っていって、相手の心の窓を開くもの、それが挨拶なのです。

挨拶の本質は、「相手の存在を認める」こと。

挨拶がない、あるいは挨拶されたと伝わっていないと、相手は自分の存在を無視されたように感じてしまいます。

挨拶 ＝ 笑顔 ＋ 言葉 ＋ お辞儀 ＋ アイコンタクト

この4つすべてがきちんとできてはじめて、「きちんとした挨拶をする人だな」と相手は感じてくれます。

明るい笑顔で、大きな声で元気よく「おはようございますっ！」。そして礼。

これでぐっと好印象になります。

挨拶のポイント

あ　明るく……相手に聞こえなければ意味がない。
い　いつも……低血圧なんて相手には関係ない。いつでも誰にでも大きな声で。
さ　先に……相手から先に挨拶されたら負け。
つ　続けて……「よいお天気ですね」など、続けて＋αを言うとさらに好印象。

いつ、どこで、どんな挨拶をすればいいの？

ビジネスシーンの一日は、挨拶で始まり、挨拶で終わります。さまざまなシーンにふさわしい挨拶の仕方を覚えましょう。

【出社時】

×「おは……ござ……」ボソボソ……着席。

　——上司「おいおい、やる気あるのか？　ちゃんと挨拶しろ！」
○「おはようございます！」礼
　——上司「おはよう伊藤君。いいねぇ。その声を聞くと元気になるなぁ」

「さあ、これから仕事だ！」という時に、明るく元気な挨拶があると、みんなのモチベーションも上がります。

【外出時】

×（キャーッ、やばい。約束の時間だ）あわてて（無言で）出かける。

　——上司「おい、伊藤はどこ行った？」　社員「さあ」　上司「まったく」
○（そろそろ約束の時間だ）「中央商事に行ってまいります」
　——上司「行ってらっしゃい。山下さんによろしくな」

外出する時は、「（○○へ）行ってまいります」と周囲の人に声かけし、戻った時は「ただ今戻りました」と戻った報告を兼ねて元気に挨拶しましょう。

【上司や同僚が帰社した時】

×上司「ただいま」

　「お帰りなさい。ご苦労様です」

　——上司「ご苦労様って、おまえは俺の上司か～！」
○上司「ただいま」
　「お帰りなさい。お疲れ様です」

　——上司「いやあ、疲れたよ」


「ご苦労様」は目上から目下に向かって言う言葉。上司に言うのは失礼です。上司や同僚を労う際は「お疲れ様でした」「お疲れ様でございます」を使いましょう。

【退社時】

×「あ～疲れた。さぁ帰ろう（あ、課長は電話中だ。まあ、いいや。帰ろっと）」
――しばらくして、課長「お～い。誰か田中知らないか？」
先輩「さっき帰りましたけど……」
課長「まったく！　上司に挨拶もしないで……」

○「あ～疲れた。さぁ帰ろう（課長は電話中か……。急いでるんだけど、待とう。あ、終わったぞ）。課長、お先に失礼します」
――課長「ああ、お疲れ様」

上司に何も言わずに退社するのは厳禁。急いでいても「お先に失礼します」と丁寧に挨拶を。「お疲れ」「お先に～」など言葉の省略はＮＧです。

【会議室などの入退室時】

×「15時から会議だったよな。早めに行って準備しておこう」
無言でドアを開ける。
ドアの向こうでは課長が取引先と打ち合わせ中だったので、あわててドアを閉める。
――課長、お客様に「申し訳ありません」。

○「15時から会議だったよな。早めに行って準備しておこう」
トントン「失礼いたします」
――（会議室の中から）「はい」
「大変失礼いたしました」

会議室や応接室は使用予約を忘れずに行いましょう。また、予約が入っていない時間であっても、誰かが話し中かもしれないという前提で、まず「失礼いたします」とひと声かけ、返事がないのを確認してからドアを開けます。もし、「はい」と返事があったら、「どうぞ」という了解を得てから入室しましょう。打ち合わせ後など、先に退出する際には、「お先に失礼いたします」とひと声かけること。

【お客様が帰る時】

×上司と打ち合わせを終えたお客様がミーティングスペースから出てきたが、パチパチパチ……と電卓をはじき続ける。
——上司「こらぁ。お客様がお帰りの時には、ちゃんと挨拶しないか！」

○上司と打ち合わせを終えたお客様がミーティングスペースから出てきた。立ち上がり、「ありがとうございました。どうぞ、お気をつけて」。
——お客様「ありがとうございます。失礼いたします（いい会社だな）」

お客様がいらした時は、「いらっしゃいませ（ようこそお越しくださいました）」という気持ちを込めて挨拶を。お帰りの際は、作業中であってもいったん手を止め、立ち上がって挨拶し、わざわざ足を運んでいただいたことへの感謝を示しましょう。電話中ならその場で目礼しましょう。

【人とすれ違う時】

×（あっ、中央商事の高橋さんだ。面倒だな、気づかないふりをしよう）相手と目を合わさないよう、急に書類に目を向けながらすれ違う。
——お客様「こんにちは（今、無視しようとした？）」

○（あっ、中央商事の高橋さんだ）笑顔で近づき、立ち止まってから「いつもお世話になっております」礼
——お客様「こんにちは」礼

人とすれ違う時は、いったん立ち止まって挨拶しましょう。きちんと止まり、声を出して挨拶することで丁寧な印象を与え、信頼につながります。相手が話し中の時は、声をかけず会釈して通り過ぎましょう。

⑩「お辞儀もできないのか！」と怒られた。頭を下げるだけじゃダメ？

お辞儀は、相手を敬う心を形にして表したもの

社会人になるまで頭を下げたことなどない、という人もいるかもしれません。

しかし、挨拶する時やお願いする時、感謝の気持ちを示す時、お詫びする時など、ビジネスにおけるさまざまなシーンでお辞儀は行われます。

お辞儀がきちんとできることは、一人前の社会人となるには欠かせません。

まず、基本の形を身につけることから始めましょう。

お辞儀は、ただ頭を下げるだけのようですが、これが意外と難しいもの。

丁寧なお辞儀は、言葉と動作を分けて行います。これを**「分離礼」**と言います。言葉と動作を同時にするのを「同時礼」と言いますが、同時だと、言葉が床に落ちてしまって相手に届きません。

ビジネスシーンでは、分離礼が適切です。ポイントは、**言葉を発してから体を動かすこと**です。

「丁寧さ」と「きちんと感」でしっかりと気持ちを相手の心に届けましょう。

お辞儀の仕方はTPOに応じて変える

場面によって、お辞儀の仕方を変えましょう。

丁寧なお辞儀をするのはよいことですが、横断歩道の真ん中では、ほかの人の邪魔になってしまいます。ＴＰＯをわきまえて使い分けましょう。

お辞儀の種類は、次の３つです。

基本姿勢を身につけて、相手との関係やその場の状況に応じて、臨機応変に対応できるようにしましょう。

会釈

角度＝15°

軽いお辞儀

〈こんな時に〉

- 人とすれ違う時
- 会議室への入退室時
- 話しかける時

敬礼

角度＝30°

一般的なお辞儀

〈こんな時に〉

- 日常の挨拶
- お客様の送迎
- 取引先への訪問時
- 上司から指示を受けた時

最敬礼

角度＝45°

最も丁寧なお辞儀

〈こんな時に〉

- 深い感謝を表す時
- 無理なお願いをする時
- 心からお詫びをする時

⑪ なぜ会ったこともない人に「お世話になっております」と言うの？

プルルル
プルルル
みんな電話中だしかたないなぁ
ガチャ
はい、K談商事です
あ、私
中央商事の山下と申します
いつもお世話になっております
別にお世話なんてしてませんけど？

あなたの給料はお客様が支払っている

電話応対や受付時に言う「いつもお世話になっております」という挨拶。なんで知らない人や会ったこともない人に「お世話になっております」なんて言わないといけないんだろう、自分はお世話になんかなっていないのに……と思うかもしれません。

しかし、あなた自身はそのお客様と面識がなくても、**会社として取引があるのであれば、必然的に、会社の一員であるあなたもお世話になっている**のです。

会社は、お客様に商品やサービスを提供することで利益を上げます。その利益が社員の給料として支払われています。

つまり、あなたの給料はお客様が払ってくれているということ。しっかりとした関わりがあるのです。

そのお客様との出会いに感謝を込めて、心から「いつもお世話になっております」と挨拶する。それが、社会人としてのマナーです。

3 名刺交換

⑫ 初めて持った名刺。どう扱えばいいの？

名刺は自分の分身。丁寧に扱うべし！

名刺には、会社名、連絡先、あなたの名前がフルネームで書かれています。あなたの情報がしっかり書かれている名刺はあなたの分身です。

「そんなことないよ、名刺なんてただの紙きれじゃん？」と思う人。試しに自分の名刺をわざと汚してみてください。悲しい気持ちになりませんか？

自分の名刺は自分の分身、相手の名刺は相手の分身です。

だからこそ丁寧に扱うことが必要なのです。

取り扱いの基本は次のとおりです。

- **名刺は「名刺入れ」に入れる**（ただしパンパンに入れるのはカッコ悪い）
- **名刺交換は立ち上がって行う**
- **両手で渡し、両手で受け取る**（大切なものなのだから当然！）
- **胸の高さで扱う**
- **受け取ったあとも気を抜かない**（しまう時まで敬意を払う）

名刺を大切に扱うということは、人を大切にすることでもあります。

⑬ ちゃんと名刺を渡せたのに注意された。なんで？

名刺交換の目的は「これからよろしく」と伝えること

初顔合わせの際に必ず行う「名刺交換」は、これからお付き合いしていくためのご挨拶、そしてあなたを知ってもらい、相手のことを知るための場。ビジネスにおいては、非常に大事なシーンです。

名刺交換の場では、「名刺を渡すこと」ばかりに意識が集中してしまうことがありますが、**本来の目的はあくまでも、挨拶とあなたを知ってもらうこと**。名刺はそのツールです。そのことを忘れずに名刺交換をするとよいでしょう（62ページ参照）。

相手にしっかり聞こえるように、明るい声で名前を名乗るのはもちろん、難しい読み方の名前や間違われやすい名前の場合は、少しゆっくり名乗るなどすると、スマートに名刺交換をすることができます。

名刺交換は、必ず立ち上がって、テーブルなどをはさまずに向き合って行います。

鞄など荷物を持ったままの名刺交換は失礼になるので、小さな荷物であっても、いったん置いて交換しましょう（小さいものは椅子の横、もしくは椅子の背に。大きなものは足元に）。

上手な名刺交換の仕方

渡す時のポイント

❶相手が来る前に、男性はスーツの内ポケット、女性はバッグから名刺入れを取り出し、渡す準備をする。

❷名刺が自分のものか、汚れていないかを確認する。

❸相手が来たら名刺を持って立ち上がり、名刺を相手に向けて胸の高さに掲げる。

❹相手の目を見て、会社名と名前を名乗る。「はじめまして。私、K談商事の田中と申します。よろしくお願いいたします」

❺名刺が相手の胸の高さに行くように、腕を少し上げ、両手で名刺を差し出す。

受け取る時のポイント

❶相手が名乗り、名刺を差し出されたら、「頂戴いたします」とひと言添えて（名刺入れの上で）両手で受け取る。相手の会社名や名前などに指をかけないように注意。

❷受け取ったら、会釈をする。この時、相手の名刺を胸より下げてしまわないよう、軽く押し上げるようにするとよい。

❸相手の会社名、名前を復唱して確認する。「○○会社　○○様でいらっしゃいますね。こちらこそよろしくお願いいたします」

❹席に着いたら、受け取った名刺を名刺入れの上にのせて机の上に置く。くれぐれもぞんざいな扱いをしないように注意する。

⓮ どんな名刺入れを選べばいいの？

スムーズな名刺交換をするのに適したものを選ぶ

折れ曲がったり、汚れてしまったりしないよう、名刺は名刺入れにしまいます。「名刺入れ」は、社会人の必須アイテム。**定期入れや財布から名刺を出すのは失礼なので、専用の名刺入れを用意します**。訪問してきた人が、いきなり財布を取り出したら、あなただってギョッとしますよね。

名刺入れには上質な革製、金属製のハードケースなど、いろいろなデザインや機能のものがあります。吟味して、あなたの個性に合ったものを選びましょう。革製品なら、鞄や靴とコーディネートすると好感度がアップします。

人の目につくものですから、派手なデザインやキャラクターものは避け、シンプルなものにします。高価なものでなくてもかまいません。あくまで「名刺交換」の場にふさわしいものを選びましょう。

自分の名刺と相手から受け取った名刺が交ざってしまわないよう、**収納部分が分か**

れているものが便利です。

仕切りがあって、2層以上になっているものがよいでしょう。入れるところが1ヵ所しかないと、受け取った名刺と自分の名刺が交ざって、うっかり他人の名刺を差し出してしまうことになりかねません。

受け取った名刺を自分の名刺より下にしまうのは失礼なので、**必ず自分の名刺より上にしまいます**。2層以上になっている名刺入れなら自分の名刺と受け取った名刺を分けてしまえるので、この点でも便利です。

名刺の入れ方のコツ

スムーズに交換するには、入れ方にちょっとしたコツがあります。

それは、名刺入れに、上下さかさまに入れておくこと。

そうすると、スムーズに相手に読める向きで差し出すことができます。

横の場合

縦の場合

⑮ 名刺を渡そうとしたら、先方が先に出した。どうすればいい?

あわてず先に受け取り、お詫びの言葉とともに渡す

名刺交換の決まりとして、名刺を先に出すのは、次の3パターンです。

1　訪問した側から

2　目下の者から

3　紹介された者から

あなたが訪問したのであれば、あなたから先に名刺を差し出すのがマナーです。上司と一緒に訪問した場合は、上司、あなたの順で名刺交換をします。

目上の人に先に出されたからといって受け取ってしまう行為は、「私が目上です」と言っているのと同じことです。

かといって、出された名刺を受け取らずに、先に渡そうとするのもスマートではありません。

その時は、「しまった！　急いで出さなきゃ」などとあわてず、**まず相手の名刺を受け取ってから、お詫びの言葉を添えて、自分の名刺を渡します。**

「お先に頂戴いたします」（受け取る）
「申し遅れました。○○会社の○○と申します。よろしくお願いいたします」（渡す）
遅れてしまっても、これで完璧！　スマートな名刺交換になります。

また、お互いに名乗り合ったあとで、「よろしくお願いします」とお辞儀しながら、同時に名刺を交換する**「同時交換」**も多く行われます。その場合は、**右手で自分の名刺を差し出しながら、相手の名刺を左手の名刺入れの上で受け取りましょう**。名刺入れを台の代わりにして受け取ることで、丁寧な印象になります。
自分の名刺を相手が受け取ったら、すばやく相手の名刺に右手を添えることを忘れずに。名刺は両手で扱うのが基本です。

あなた「私、ABC会社の○○でございます」
相手「私、株式会社△△の××でございます」
2人同時「よろしくお願いいたします」
とすれば、気持ちがより通じ合うかもしれませんね。

16 相手が複数の場合、どうやって名刺交換するの？

名刺入れをうまく使ってどんどん交換していく

複数の人と名刺交換することもあります。一対一の時のようにじっくり名刺交換をするのでは、時間がかかりすぎてしまいます。

そんな時は、名刺入れをうまく使って交換しましょう。コツは次の6つです。

1　名刺交換を始める前に、相手の人数分の名刺を名刺入れから取り出しておく

2　名刺入れの下に重ねて持つ

3　1枚取り出し、最初の人と交換

4　名刺入れの上で受けた相手の名刺は、名刺入れのふたを開けて仮で入れておく

5　名刺入れの下から次の1枚を取り出し、2番目の人と名刺交換

6　受け取った名刺は速やかに、ふたの内側にある最初の人の名刺の上に重ねる

名刺入れの上で、受け取った名刺をどんどん重ねていくのは、先にいただいた方に対して失礼になるので避けましょう。

人数が多いと、テーブル越しに名刺交換してしまいたくなりますが、これもNGです。テーブルをはさまずに、向かい合って名刺交換します。

17 受け取った名刺はどうすればいいの？

受け取った名刺は、相手がしまうまで出しておく

「失礼します」と言って座ったら、**テーブルに名刺入れを置き、その上に名刺をのせます**。名刺入れを座布団がわりにすることで、相手に敬意を払うわけです。

そして、面談や打ち合わせがすむまで、このままの状態にしておきます。

相手が複数で名刺が多い時は、座っている並びに合わせて名刺を並べておきます。途中で名前を忘れてしまっても、すぐに確認できるので安心です。この時、一番立場が上の人の名刺を名刺入れの上にのせます。

受け取った名刺は、相手がしまうまで出しておくのが基本です。

名刺をしまう行為は、「それでは、そろそろこの辺で切り上げましょう」というサインとなります。訪問先での商談の場合は、相手が「それでは」「そろそろ」など、終わりの旨を口にしたら、名刺をしまいます。

名刺入れにしまう前に、名刺を両手で持ち、おでこのあたりで再度「頂戴いたします」というしぐさをし、名刺をいただいたこと、時間を割いていただいたことへの感謝を示しましょう。

18 うっかり名刺を切らしてしまった時はどうすればいい？

まずお詫び。すぐに一筆添えて名刺を郵送する

うっかり名刺を切らしてしまっていた！　名刺を忘れてしまった!!

こういう時、ものすごく焦りますよね。

だからといって、「名刺を切らしてしまいました。すみません。連絡先はこちらです」とメモに書いて渡すのはマナー違反です。**出かける前に名刺入れをチェックし、必ず10～15枚は入れておくことを習慣にしましょう。**

万一、出先で切らしてしまったり、持ってくるのを忘れたりした場合には、「あいにく、名刺を切らしております。大変申し訳ございません」とお詫びし、相手の名刺を頂戴します。

そして**帰社後、すぐに手紙を添えて、自分の名刺を郵送します。**

2～3日経つと、相手も名刺を受け取らなかったことを忘れてしまいますし、忘れた頃に届くようでは、相手は「自分は大切に思われていないのだな」と感じます。

迅速に対応して、好感度アップを図りましょう。

名刺を落としてしまった時は、まずお詫びを

上手に渡そうとして緊張するあまり、自分の名刺を落としてしまうことがあります。

そんな時には、**「大変失礼いたしました。緊張してしまいました」とまずは素直にお詫びし、新しい名刺を差し出しましょう**。

謙虚に誠意を示すことが大切です。

落ちた名刺を拾って渡してはいけません。失礼なので、絶対にしないように。

反対に、相手から受け取った名刺を落としてしまったら……。

その時にはまず、「大変申し訳ございませんでした」と丁重にお詫びすることが大切です。

すぐに拾って、両手で名刺の汚れを払い、胸より高く掲げ、一瞬動作を止めて、「頂戴いたします」としっかりとした口調で丁寧に述べましょう。

なお、**落としてしまった自分の名刺を、相手の名刺と一緒に入れるのは失礼**です。**名刺入れの外側のポケットなど別のところにしまいます**。

4 来客応対

⑲ 入り口にお客様が……どう応対すればいい？

来客応対のポイントは、迅速・丁寧・お待たせしない

会社には、毎日、たくさんの人が訪問します。

あなたの知らない人でも、何かしらの形であなたの会社に関わっている人たちです。来客に気づいたら、すぐに立ち上がって「いらっしゃいませ」とひと声かけ、自分から進んで「ようこそ」という気持ちで、次のように応対しましょう。

1　相手の確認をする

にこやかな笑顔で近づいて、「失礼ですが、どちら様でいらっしゃいますか？」と尋ねる。相手が名乗ったら、

「○○の△△様でいらっしゃいますね。いつもお世話になっております」

と相手の名前を復唱確認し、挨拶します。

2　アポイントメント（面会予約）の有無を確認する

「××（お客様が訪ねてきた相手）でございますね。失礼ですが、お約束いただいておりますでしょうか？」と尋ねます。

3　担当者に取り次ぎ、指示を仰ぐ

相手が「はい」と答えたら、「かしこまりました。すぐに呼んでまいりますので、少々お待ちいただけますか?」と伝え、担当者に報告に行きます。

アポイントメントがない場合でも、「お約束がなければ、取り次げません」などと断るのはNG。転勤や異動、退社などは急に決まることも多く、アポなしでその挨拶に訪問することもあります。

この場合は必ず**「恐れ入りますが、どのようなご用件でいらっしゃいますか?」**と用件の確認をしてから、担当者に取り次ぎに行き、指示を仰ぎましょう。

なお、あらかじめ面会予約を聞いていた場合には、「お待ちしておりました」とひと言添え、おもてなしの気持ちを表します。

来客が重なってしまった場合は、先に来た人から順に応対するのが原則です。並んで待っている人には、「申し訳ございません。すぐに伺います」と声をかけて配慮を示すと、相手も不快な思いをせずに待ってくれます。

言葉遣いに気をつけて丁寧な物腰で、相手の気持ちを和《なご》ませるような素敵な応対をしましょう。

20 お客様の取り次ぎはどうすればいいの？

取り次ぎを迅速にして、お客様をお待たせしないこと

来客応対が上手にできても、取り次ぎがうまくできなければ、何にもなりません。ほとんどの場合、取り次ぐ相手は仕事中ですから、席まで報告に向かいます。入り口から大声で呼ぶのはNGです。

相手の席まで行って「失礼いたします」とひと声かけ、一拍あけてから、「○×大学の□□先生がいらっしゃいました。いかがいたしましょうか？」と、来客を告げ、指示を仰ぎます。

お客様から名刺を預かった場合は、その名刺を差し出しながら伝えましょう。

取り次ぐ相手が会話中で、「ちょっと待って」というそぶりをした時には、話がひと段落したところで、「お話し中、失礼いたします」とひと言かけて、来客の旨を伝えます。

また、電話中の場合は、簡単にメモを書き、指示を仰ぎます。

「わかった。応接室に案内して」など、指示を受けた場合は、それに従い、対応しま

しょう。

あなたのスムーズな取り次ぎが、成功する商談のスタートになるのです。


受け付け時にお客様から差し出された名刺の扱い

受け付け時に、お客様から名刺を渡されることもあります。この場合の名刺は、自分がいただくのではなく、取り次ぐために一時的に預かるわけなので、

「お預かりいたします。○○会社の□□様でいらっしゃいますね」

と言って受け取るのが正解。

総合受付であれば、内線電話で取り次ぎが終了したら、

「ありがとうございました」

とお礼を述べ、お客様に名刺をお返しします。

取り次ぐ相手のところまで行く場合は、名刺を両手で持ち、胸より下げてしまわないように注意して運び、指示を仰ぎましょう。

21 お客様の案内はどうするの？どこを歩けばいいの？

お客様の歩調に合わせ、3歩斜め前を歩く

お客様を案内する時は、常にお客様の安全を確認し、不安感を与えないようにすることが大切です。

まず、受付でお客様に「お待たせいたしました」と挨拶し、「2階の会議室にご案内いたします。こちらへどうぞ」と行き先を告げ、案内する方向をはっきりと手で示します。

この時、指を開いたまま示しては、だらしない印象を与えます。行き先を指し示す時は、5本の指をきちんとそろえて指し示すと、きれいなしぐさになります。指先にまで注意を払いましょう。視線を添えると、より丁寧です。

案内の際に気をつけるべきことは、次のとおりです。

1　お客様の視界をさえぎらないよう、お客様の3歩斜め前を歩く
2　お客様が廊下の中央を歩けるようにする
3　お客様の歩調に合わせ、時々後ろを振り返りながら歩く

4　曲がり角ではいったん立ち止まり「こちらでございます」と進行方向を告げる

5　階段では、お客様は手すり側、自分は反対側を1段下がって歩く

お客様を見下ろす位置にならないことが基本なので、階段を上る場合はお客様が先、自分は後ろを歩くのが正位置ですが、初めてのお客様の場合は「お先に失礼します」と断って先導します。階段を下りる場合は、万が一の時に支えられるよう、お客様の前を歩きます。

6　着いたら、空室だとわかっていても、ノックしてからドアを開ける

7　入室したら、「こちらでございます」と上座をすすめる

お客様が遠慮して下座に着こうとしたら、「どうぞこちらへ」と上座を示してすすめましょう。

8　お客様が座るのを確認したら、担当者が来ることを告げて退席

「すぐに担当者が参りますので、少々お待ちいただけますでしょうか。では、失礼いたします」と声をかけて一礼します。

9　担当者へ報告

お客様の案内がすんだことと案内した場所を担当者に伝えます。

㉒ 上座、下座って何のために必要なの？

相手への尊敬を示す大切なルール

席次は、座っていただく場所によって相手を尊敬する気持ちを表すもの。

それだけに、ビジネスパーソンとして、絶対に覚えておかなければならないルールです。

お客様には「上座」をすすめることが鉄則ですが、慣れないうちは、どこが上座かわからないこともあるかもしれません。

覚えておくべきポイントは1つ。**「出入り口から遠い席が上座」**です。

ドアの近くは人の出入りで騒がしく落ち着かないし、不審者が侵入してこないとも限りません。出入り口から遠い奥の席なら、安全を確保しやすいですよね。

お客様は会社にとって大切な人。だから、**一番安全な奥に座っていただく**というわけです。

また、場所によっては出入り口からの距離だけではわかりにくいこともあるでしょう。そういう時は、椅子の形でわかることもあります。

いわゆる応接室には、ほとんどの場合、長椅子（ソファー）とひじ掛け椅子が向かい合わせに置いてあります。その場合は、**長椅子がお客様用、ひじ掛け椅子が社内用**となります。**お客様には、ゆったりとくつろいでいただきたいから長椅子を、**と覚えておきましょう。

なお、社内側の者が複数名いる場合は、役職が最も低い者が出入り口に近い「下座」に座ります。

席次は立場や関係を端的に表すだけに、知らないと相手に不快な思いをさせてしまうこともあります。知っておきたい順列を90〜91ページにまとめていますので、参考にしてください。

上座・下座を知っておこう

上座の位置は、環境に応じて変わります。ビジネスシーンでよく使われる場所の上座、下座の位置を覚えておきましょう。基本的な考えは、「出入り口から遠い席が上座」です。図中の①が最上席で、以下、②③④……の順です。

応接室

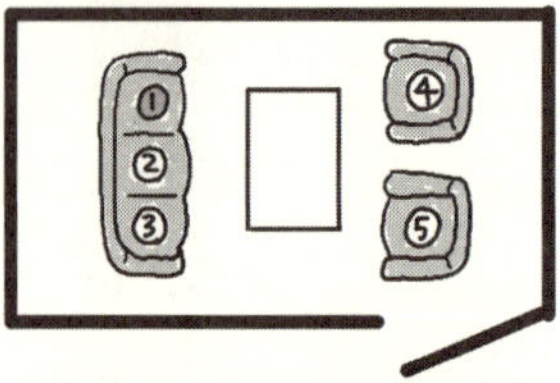

出入り口に近い席が社内席。長椅子がある時は、長椅子が来客席となる。来客の役職の上の人から入室し、その順に長椅子の奥から座る。

打ち合わせスペース

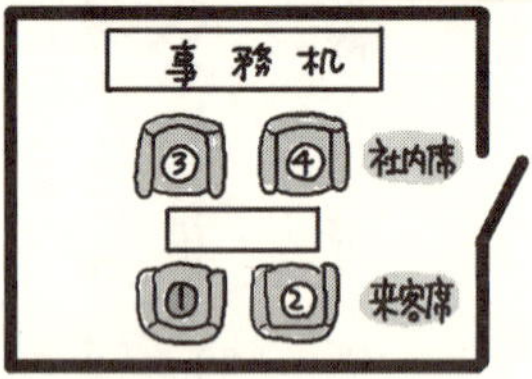

事務机に近い席が社内席。来客を事務机から遠くすることで、社内情報から離すことにもなる。

円卓

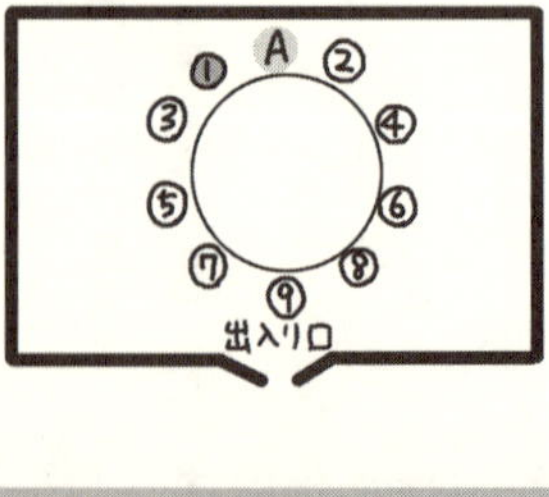

Aの議長席を中心に左右対称に。

和室

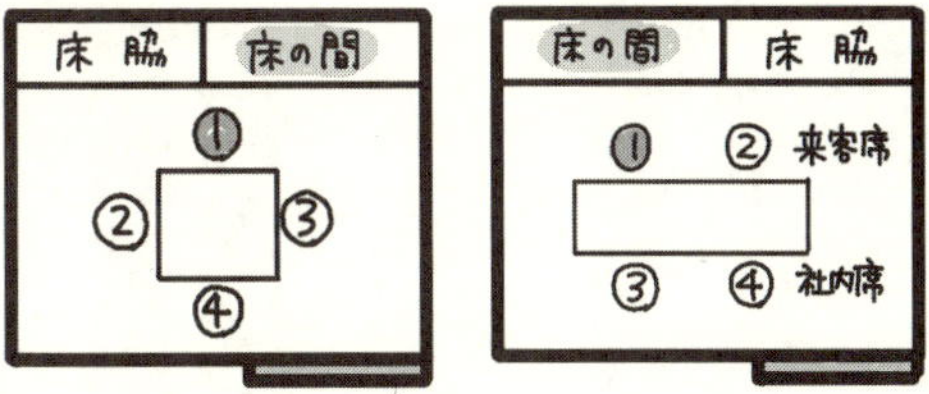

どちらの間取りも床の間を背にした席が上座。

エレベーター内

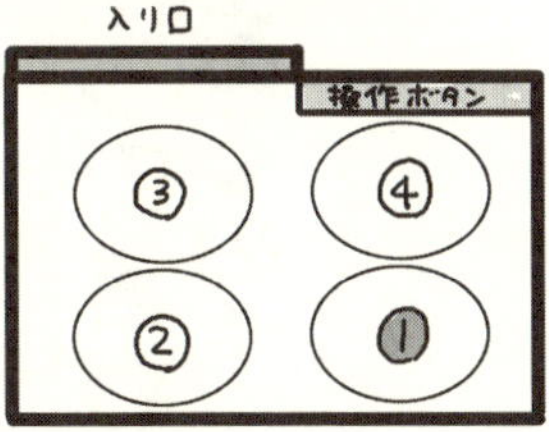

入り口の位置（右、左、中央など）にかかわらず、入り口から見て左奥が上座。操作ボタンの前に最下位の者が立ち、操作を担当する。

タクシー

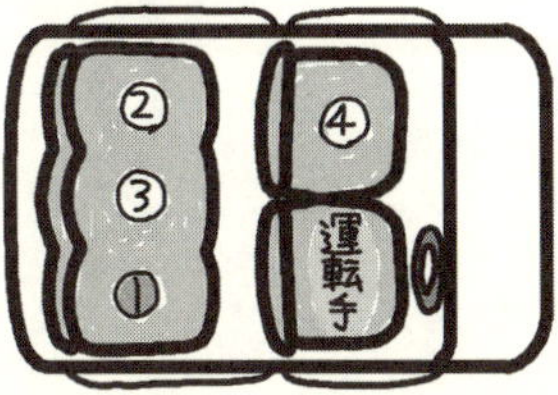

右ハンドル、左ハンドルにかかわらず、後部座席の右側が最上席。次席は左側、第3位はまん中。案内役は必ず④に座る。
タクシーではなく、車の持ち主や上司、先輩が運転する場合は、運転席の隣が最上席。それに次いで後部座席の右側、左側、まん中の順。

㉓「お茶出して」って言われたけど、何か決まりはあるの？

お客様がいらしてるから、お茶いれてくれる？
はいっ！
…と言っても
お茶なんていれたことないなあ
失礼しますっ！
あっ
大丈夫!?
ガチャン
お茶…？お湯…？？
お茶碗に汚れが…
すみません…

お茶を出すのは、お客様への歓待のしるし

会社にお客様がいらしたら、お茶など、飲み物を出します。

会社によってそれぞれルールが違うため、お茶を出す必要のない人もいるかもしれません。しかし、外部会議室での打ち合わせなど、いつ何時お茶を出す場面に遭遇するかわかりません。

ビジネスパーソンの常識として、お茶の出し方を覚えておきましょう。ポイントは次のとおりです。

1　茶碗が欠けていないか、汚れていないかをチェック

2　お茶は茶碗の七分目くらいまで注ぐ

なみなみと注ぐと運ぶ時にこぼれやすく、飲むほうも大変です。

3　茶碗は茶托にのせず、別々にお盆にのせ、お盆を両手で持って胸の高さで運ぶ

飲食店の店員のように手のひらでお盆を受けるのはNGです。

4　入室時は、ドアをノックして「失礼いたします」と声をかけてから入り、立ち止まって一礼（会釈）する

髪の毛や息がお茶に入らないよう、お盆を少し左にずらしてお辞儀しましょう。

5　お盆をサイドテーブルに仮置きし、茶托に茶碗をのせて1客ずつセットする

サイドテーブルがなければ、テーブルの端を使います。ただし、応接机が小さくてお盆が置けない時は、片手でお盆を持ち、その上でセットします。

6　お茶を出す順番は、来客の上座から（つまり役職の高い順から）

お客様に出し終わってから、社内の上席から順に出していきます。

7　おもてなしの気持ちを込めて、「どうぞ」と声かけし、右後方からお客様の右側に出す（場の状況に応じて左からでもOK）

器に柄がある場合は、正面をお客様に向けて出しましょう。素敵な笑顔も忘れずに。

8　全員に出し終えたら、ドアの前に立ち、「失礼いたします」と会釈してお盆を持って退出

お越しくださったお客様に感謝の気持ちを込めて、おいしいお茶をお出ししましょう。

㉔ お茶を出そうとしたら、人数が増えていた。どうしよう?

持っていったお茶は出してしまうこと

せっかくお越しいただいたお客様に挨拶だけでもしたいと、急に上司が同席するなど、商談や打ち合わせの参加人数や環境が変わることはよくあります。

こういう時はあわてずに、まず**先に用意してきた分を、来客の上座から順番に出し、次に社内の役職順に出します**。

足りなかった人には、「すぐにお持ちいたします」と小声で伝え、急いで戻って用意しましょう。

同じように、お茶を持っていってみたら、「どうしたらいいのだろう?」と考えてしまう場面はよくあります。

たとえば、話が盛り上がっていた時。さあ、どうしよう?

「お話し中だから黙って出そう」というのは、もちろんいけません。

無言で出すと、お客様が気づかず、お茶を出しかけたその瞬間に動いてしまい、「あち!」「きゃ〜、ごめんなさい」ということも起こりえます。

また、テーブルの上に書類がいっぱいだからといって、勝手に書類を動かすのもNG。こういう場合は、お客様に「どちらに置けばよろしいでしょうか？」と聞くか、お客様にあいている場所を示し、「こちらでよろしいですか？」と断ってから、安全な場所に置きましょう。

どんな時でもあわてずに、笑顔で対応すれば、あなたの好感度はさらにアップしますよ。

応接室でお客様をお待たせする時は、どうするか？

まず、お客様の人数分だけ先にお茶を出しておき、担当者が入室したら、改めてお客様と担当者のお茶を用意します。

この時、お客様が先に出したお茶に手をつけていなくても、

「お取り替えいたします。どうぞ」

と言って新しいお茶に差し替えましょう。

差し替える時は、茶碗だけ取り替えるのではなく、茶托ごと取り替えるのを忘れずに。

㉕ お客様に上司を紹介する時は どうすればいいの？

立場が上の人をあとに紹介するのが鉄則

ビジネスでは、お客様に上司を紹介したり、新しい担当者を紹介したりと、自分以外の人を、相手に紹介する機会がたくさんあります。そんな時の対応のコツを押さえておきましょう。

まず、どのような場合も、**立場が上の人が先に相手を知る権利があります**。そのことを覚えておいてください。

それぞれの場に合った紹介をしましょう。

●お客様に上司を紹介する場合

1　上司をお客様に紹介する

「ご紹介いたします。こちらが私どもの部長の△△でございます」

紹介したい人が2人以上いる場合は、役職が上の人から順に紹介します。

2　上司にお客様を紹介する

「こちらが、いつもお世話になっております、○○販売会社の部長、○△様でいらっしゃいます」

1と2では、言葉遣いが変わることに注意。お客様に上司を紹介する場合は「謙譲語」、上司にお客様を紹介する場合は「尊敬語」を使います。

●自分も上司もお客様と初対面の場合

1　上司が先に自己紹介をする

上司が先に自己紹介をし、名刺交換を行います。

2　上司から紹介されるのを待って挨拶する

挨拶を終えた上司が部下を紹介するのがセオリーです。紹介されたら、名刺交換を行います。

「はじめまして、私、△△会社の○○と申します。よろしくお願いいたします」

くれぐれも順番を間違えないように。

●お客様同士を紹介する場合

1　役職の低い人がいる会社を先に、役職の高い人がいる会社へ紹介する

2　一方が自分の会社と関係が深ければ、そちらを先に紹介する

基本的に、立てたい人がいる会社をあとに紹介します。

5 訪問

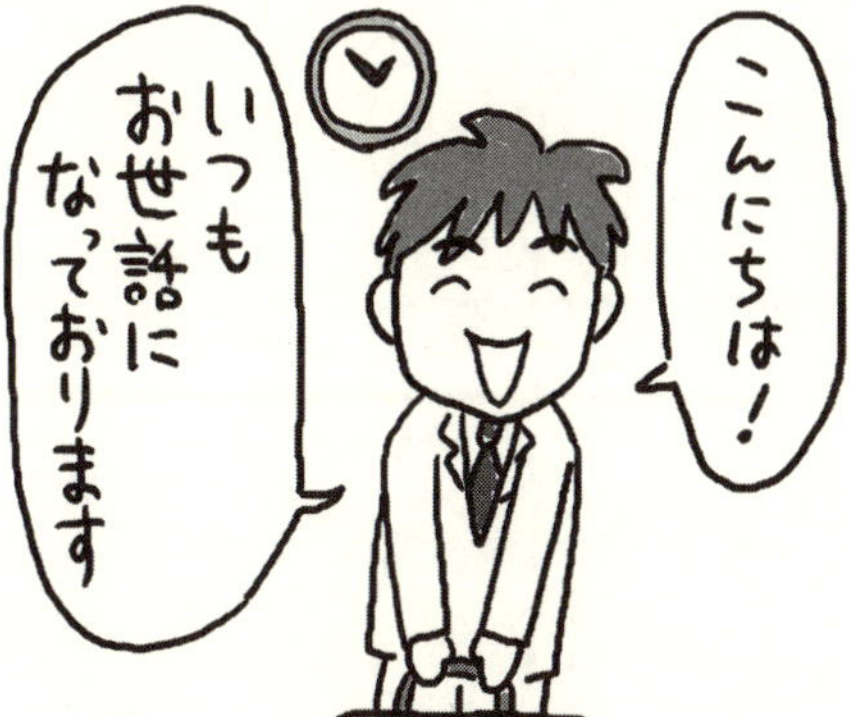
こんにちは！
いつもお世話になっております

㉖ アポイントメントってどうやって取るの？

相手の都合を聞き、訪問する日時を決める

取引先などを訪問する時には、必ず事前に電話でアポイントメント（面会の約束）を取りましょう。

アポイントメントなしで突然訪問することは避けます。

突然やって来られては相手も迷惑ですし、相手が不在の場合は、あなたも目的を達成できません。

アポイントメントの取り方は、次のとおりです。

1　訪問の目的（用件）、所要時間を告げる

「新商品のキャンペーンの件で、30分ほど打ち合わせをさせていただきたいのですが……」

2　相手の都合を聞き、訪問する日時を決める

まず、相手の都合を聞き、そこに自分の都合を合わせるのが原則です。

「来週のご都合はいかがでしょうか？」

「それでは、来週の火曜日15時に伺いたいのですが、よろしいでしょうか？」

3　同行者がいる場合は、同行者の役職や人数を告げる

「当日は、課長の△△と2名で参りますので、よろしくお願いいたします」

アポイントメントは、忙しい時間は避けます。朝一番やお昼時間もNGです。

また、週明けの月曜日は何かと忙しいので、相手の都合に配慮して、日程を提案しましょう。

アポイントメントを取ってから、かなり日数が経っている場合は、相手が忘れている可能性もあります。

せっかく訪問しても、相手がいなければ時間のロスになります。

約束の前日、または当日の朝に連絡を入れて、先方のスケジュールに変更がないか、念のために確認しておくとよいでしょう。

「明日の15時に伺う予定になっておりますが、変更はございませんでしょうか？」

この1本の電話が、信頼を生みます。

27 訪問前にはどんな準備をすればいい？

有意義な時間にできるかどうかは準備にかかっている

訪問するということは、相手の貴重な時間を割いてもらうということですから、事前にしっかり準備しておきましょう。

準備には、**「持ちものの準備」「相手の会社に関する準備」「用件の準備」**、そして**「気持ちの準備」**があります。

打ち合わせで使用する資料は、先方の同席者が増える場合のことも考え、予備を用意しておきましょう。

訪問先についての基本的な情報は、事前にリサーチしておくこと。リサーチが不十分だと、「よく知らない相手と仕事をするつもりか」と相手に思われてしまいますし、恥をかくことも少なくありません。

ホームページはもちろんのこと、新聞や雑誌に掲載された記事も参考までに目を通しておきましょう。先方とのコミュニケーションの材料にもなります。

打ち合わせ時に**「聞かれるかもしれない」と予測されることをあらかじめ調べてお**

くことも、ビジネスパーソンとしては必須です。

さらに、条件を変更する場合などに備え、電卓やマニュアルなど必要な資料も持参しましょう。準備がすんだら、面談に向けてシミュレーションし、気持ちの準備もしておきましょう。

初めての訪問の場合、知らない場所のために、迷ってしまうこともあります。そうならないよう、**訪問先の場所は地図などで確認し、交通手段や効率的な経路をしっかり調べて**向かいましょう。

当然ながら遅刻はNG。時間にルーズな人という悪い印象を与えてしまいます。余裕を持って出かけましょう。

万が一、迷ってしまったら、**必ず約束の時間前に先方に電話してお詫びし、行き方を確認**します。

「大変申し訳ございません。どうも道に迷ってしまったようです。恐れ入りますが、御社への行き方を教えていただけませんでしょうか。私のところからは、○○が見えるのですが……」

きっと親切に教えてくれますよ。

㉘ ヤバイ！ 面会時間に遅刻した!!
どうしよう？

時間を守ることは信頼関係を築く基本

遅刻は自分自身だけでなく、会社の印象も悪くします。時間管理の徹底は社会人として必須です。

本来なら間に合うはずだったのに○○のせいで——という理由も成り立ちません。この手段だと遅れてしまう可能性があるかもしれないなどと、事前にシミュレーションしておくことが必要です。

たとえば車は、予期せぬ渋滞に巻き込まれ、時間が読めなくなることもしばしばあります。とくに、毎月5日、10日は五十日（ゴトオビ）といって、通常より道が混みやすいですし、雨や雪など天候によっても状況は変わります。車でなければならない場合以外は、できる限り、一番リスクが少ない電車を利用しましょう。

もし、何かの事情でどうしても遅れてしまう場合は、**必ずわかった時点で相手に連絡を入れること**がマナーです。

「大変申し訳ございません。15分ほど遅れます」

まずは、しっかりとお詫びすること。仮に、**理由が渋滞や事故であったとしても、自分のせいではないと責任逃れしないこと**です。遅れたことで、相手の貴重な時間を無駄にし、迷惑をかけてしまうのには変わりないからです。

お詫びを述べたら、**到着時間の目安を伝えます**。伝えた時間からさらに遅れてしまうと信頼感ゼロ！

ちょっとでも早くという気持ちから時間を少なめに言いたいところですが、何があるかわかりませんから、少し長めの時間を設定します。

「今、○○駅で、これから電車に乗りますので、10分ほど遅れます」

「今、○○あたりを車で移動しています。渋滞しておりますので、あと○分ほどかかりそうです」

先方は、イライラして待つのと、到着時間の予測がつくのとでは、気持ちの負担が違いますから、必ず到着時間を伝えましょう。

到着したら遅れた言い訳をせず、まずは「遅れて申し訳ございません」とお詫びの気持ちをしっかりと伝えること。そのあとは、誠実で謙虚な態度で、マイナスを挽回しましょう。

29 訪問先の会社には何分前に着くのがいいの？

理想は、5〜10分前到着か、約束の時間ちょうどに受付

遅刻は厳禁ですが、あまりに早すぎる到着も困るものです。

先方は、会議室の予約や資料準備などを面会時間に合わせて行っていますから、準備ができていない時に来られると焦ってしまいます。

訪問する際は、**5〜10分前に訪問先に到着するように調整**しましょう。

時間管理ができていることは安心感、信頼感につながります。

訪問先に着いたら、そのまま建物に入らず、冬場であればコートやマフラーを建物に入る前に脱いで、軽くたたんで腕にかけておきます。

夏場でジャケットを脱いでいる時は、会社に入る前に必ず着用しておきます。

また、風で髪が乱れていないか、ネクタイは曲がっていないか、女性ならストッキングは破れていないかなど、受付を訪ねる前に身だしなみを確認し、整えます。

携帯電話の電源は切るか、マナーモードにしておきます。

外見を整え、気持ちの準備ができたら、**約束の時間ちょうどに受付を訪ねるのが理**

想です。

早く着きすぎた場合は、どこかで時間調整をしましょう。ただし、時間つぶしに入った喫茶店などには、取引先の社員がいる可能性があります。気を抜いて、同行者と社名を出して話し込んだりしないように気をつけましょう。

近くに座っていた人が訪問先の担当者で、冗談で言った言葉を本気にとられてしまうということもありえます。外では、具体的な仕事の話はしないこと。愚痴や悪口はもってのほかです。これも社会人としてのマナーですよ。

こんにちは！
いつもお世話になっております

30 そもそも受付ではなんて言ったらいいの？

自分は何者であるのか、訪問相手、用件を伝えよう

受付では、明るく礼儀正しくさわやかに振る舞いましょう。

まず**「お世話になっております。私、〇〇会社の××と申します」**と挨拶をし、会社名、**名前を名乗ります。**このときに名刺を差し出すことを忘れずに。

「営業部の〇〇様と15時にお約束しております。お取り次ぎをお願いいたします」

訪問相手の名前を告げ、アポイントメントがあることを伝えて、取り次ぎを依頼します。

受付係が取り次いでくれたら、「ありがとうございます」ときちんとお礼を言いましょう。

アポイントメントなしで訪問することもあるかもしれません。

飛び込み営業や、これから取引をしようと思っている会社の前をたまたま通った、あるいは、新規のお客様のところに行ったらたまたま別のお客様の会社の近くだったなどという理由で、**アポイントメントなしで訪れる場合は、きちんと名乗ったあと、**

面会の約束をしていないことを必ず告げましょう。

「お世話になっております。私、○○会社の××と申します。営業部の△△様はいらっしゃいますか？　お約束はいただいておりませんが、近くまで参りましたので、ご挨拶をと思いまして……」

急な訪問なので、無理に会おうとしてはいけません。謙虚にお願いをして、判断は相手に任せます。

運よく担当者に会うことができたとしても、忙しい中、突然、時間を割いていただくのですから、「会ってよかった」と思ってもらえるような有意義な情報提供ができるよう、日頃から情報収集しておきましょう。

担当者に会えなかった場合は、

「近くまで参りましたので、ご挨拶に伺いました」

と名刺にひと言メッセージを書いて、渡してもらいましょう。

アポイントメントなしで訪問する機会が多いのなら、日頃から鞄の中に予備の新商品のパンフレットなどを入れておき、名刺と一緒に渡します。訪問を有効な機会にしましょう。

31 訪問先に受付がなかった。勝手に入っていいの？

勝手に入っていくのは厳禁！　必ず誰かに取り次ぎを頼むこと

大手企業の本社なら必ず受付がありますが、支社や事業所、中小企業では、受付がないところも珍しくありません。

訪問先に受付がない時は、まずドアを開ける際、**ドアの前で「失礼いたします」とひと声かけ、一礼してから入室しましょう**。**入室してから再度「失礼します」と声をかけます**。この時は、元気な声で挨拶し、自分に気づいてもらいましょう。

気づいてもらえない時は、もう一度、もっと大きな声で挨拶します。

セキュリティ上、インターフォンを使った無人の受付にしている会社もあります。モニターでチェックしている場合もありますので、訪問相手が迎えに出てくるまで、きちんとした態度で待ちます。

自分から相手が見えなくても、訪問先では、常に見られていると意識しておくとよいでしょう。

また、自分のいる位置から訪ねる相手が見えていても、大声でその人を呼ぶのはマナー違反です。

入り口近くの人に声をかけて、きちんと取り次いでもらいましょう。

取り次いでもらう時には、会社名、名前、訪問先の部署、担当者、アポイントメントの有無を伝えます（115ページ参照）。

無人受付の場合に、ちょうど中から出てきた人がいてドアが開いたからといって、「あっ、ラッキー。入ってしまおう」なんていうのもマナー違反です。先方から「どうぞお入りください」と許可を得てから入室します。それまではその場で待機しましょう。

最近では、情報管理がとても厳しくなっていますから、勝手に入ってウロウロしていると、不審者に間違えられてしまう可能性もあります。疑われた場合、あなたも大変ですが、相手に迷惑をかけることになってしまいます。

訪問先での立ち居振る舞いには、十分注意しましょう。

32 応接室に通された。どこで、どうやって待っていればいいの？

すすめられた場所で相手を待ちながら準備する

取引先などを訪問する際は、謙虚に行動しましょう。

応接室に案内されたら、入り口で「失礼します」と一礼して入室し、勝手に奥へと進まず、**すすめられるまで下座付近に立って待機**しましょう。

上座に座るようすすめられたら、「はい、ありがとうございます」とお礼を述べて座ります。すすめられたのに座らないのは、案内してくれた方に失礼です。

相手を待つ時間は、話を始めるための準備をする時間でもあります。

鞄は足元、コートはたたんで足元に置いた鞄の上やあいている椅子の上に置き、手帳や名刺入れ、必要書類を机の上に出すなど、準備しておきましょう。

本や新聞が置いてあっても、勝手に読まないこと。灰皿が置いてあっても、タバコを吸うのはNGです。

手土産を持参した場合は、ふろしきや紙袋から出して、机の上に置きます。

担当者がノックしたら、名刺入れを持ってすぐに立ち上がり、挨拶を。

「お忙しいところ、お時間をいただきまして、ありがとうございます」

などとひと言添えると、好感度がアップします。

手土産は、挨拶と名刺交換がすみ、本題に入る前に立った状態で、「皆様で召し上がってください」とひと言添えて、正面を相手に向けて差し出しましょう。


担当者を待っている時に、お茶を運んできてくれた人に**「どうぞ」とすすめられたら、飲んでもOK**です。

ただし、**担当者が来てからお茶が出された時は、担当者からすすめられないうちに飲み始めるのはNG**です。

同行者がいる場合は、上司を立てます。**先方からすすめられ、上司が口をつけたあと**にいただきます。

なお、**せっかく出してくださったお茶に一口も口をつけないのはかえって失礼**になります。

面談中、話に夢中で飲むタイミングがつかめなかった時は、面談終了に近づいたら、「せっかくですので……」とひと声かけて、いただきましょう。

6 電話応対

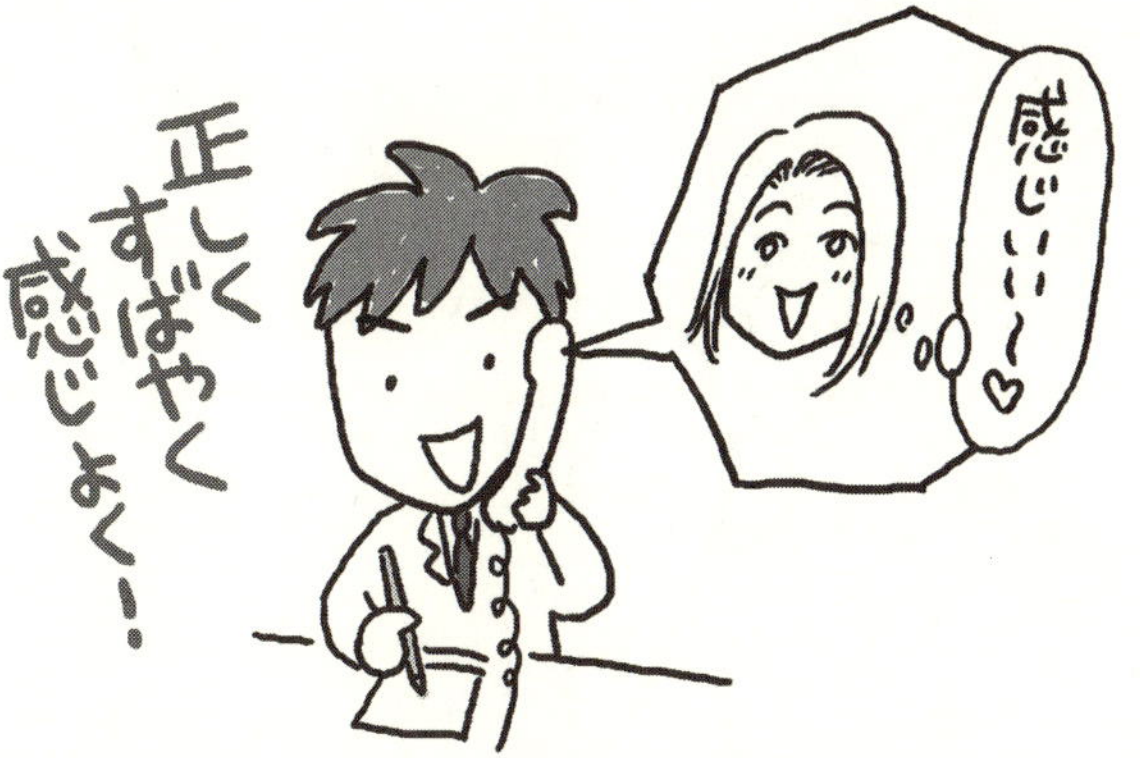
感じいい～♡
正しく
すばやく
感じよく！

㉝ なんで新人が電話に出なきゃいけないの？

電話は会社を支えるお客様と直接触れ合える機会

携帯電話中心の生活で、家でも固定電話をあまり使わなくなったことから、「固定電話が苦手、怖い」という人が増えてきました。

その理由としてよく聞かれるのが、携帯電話では、（登録している人であれば）誰からかかってきたかがわかり安心して出られるけれど、固定電話では、（ナンバーディスプレイは別にして）誰からかかってきたのかわからないからというもの。

さらに、新人の自分宛てにかかってくることは稀《まれ》です。だったら、初めから出たくないし、出る必要はないのではないか。そう思っていませんか？

電話は、お客様との大切な接点です。

電話に出る者は会社を代表する者であり、会社のイメージを決定づける重要な役割を担っています。

その電話を受ける仕事を新人が任されるのには、理由があります。

それは、**仕事の基礎能力をつけるこの時期に、電話を取ることで会社の仕事に慣**

れ、お客様を覚えていくため。そして実は、お客様にも「新人が入りました」と電話応対を通してあなたを紹介しているのです。

電話は、基本（127〜128ページ参照）さえしっかりマスターしておけば、決して怖いものではありません。

そのために、まずは「怖くない」ように環境を整えましょう。

1 保留や転送の仕方など、電話機の機能をしっかり把握する

2 請求の件なら経理部へなどというように、会社の仕組みや担当部署を理解し、電話をたらい回ししないようにする

3 内線番号表や座席表を用意し、きちんと転送できるようにしておく

4 会社案内や商品一覧など、会社情報のわかるパンフレット類を準備しておく

電話は、利き手とは反対の手で取りやすい位置に置きましょう。

ビジネス電話は、誰からかかってきて誰に取り次ぐべきか、伝言は何かなど、聞きながらメモを取る機会がたくさんあるからです。

電話を通してお客様と触れ合っているという意識を持って取り組みましょう。

column7

電話応対の基本は「正しく・すばやく・感じよく」

どんな時でも、電話は、笑顔と明るい声でにこやかに。目の前に相手がいなくても、相手がいるように話をすることが大切です。

相手が好感を抱く電話応対は、明るい声であることと、次にあげる3つの基本ルールが守られていることです。

1. 正しく

電話をかけてくるということは、必ず相手に伝えるべき用件があるということ。その用件を正確に受け取り、担当者に正しく伝えることが大切です。そのためにも、メモを取り（P131参照）、復唱確認を怠らないこと。

電話が鳴ったら、利き手にペンを持ち、反対の手で受話器を取ります。

同様に、電話をかける時も正しさが重要です。間違い電話は経費のロス。電話をかける時はきちんと相手の番号を確認しましょう。

2. すばやく

相手をお待たせしないよう、電話は3コールまでに出ること。お待たせしてしまった時は、必ず「お待たせいたしました」（5コールなら、「大変お待たせいたしました」）とまず伝えます。

通話時間が長引けば長引くほど、かけたほうにコストがかかりますから、要点をわかりやすく簡潔に伝え、迅速な対応をしましょう。

また、必ず自分の名前を名乗り、責任を明確にしましょう。

3. 感じよく

常に笑顔で明るく、ハキハキ話すこと。丁寧な言葉遣いや相手を気遣う対応が必要です。

話すスピードの基本は、一度で聞き取れる速さ。ただし、急いでいる相手には自分も速めに、ゆっくり話す人ならゆっくりと、相手と同じペースで話しましょう。

電話に出たあなたが会社の看板。感じのよい電話応対で、会社のイメージをよりよくしていきましょう。

電話は声だけのコミュニケーションです。表情や態度を相手に見せることはできません。けれども、電話では相手が見えなくても声の調子や話し方から、相手の姿をイメージできます。目の前に相手がいるように、心を込めて話しましょう。

基本をしっかりと身につけた明るくさわやかな電話応対は、会社に大きく貢献します。会社とあなたのファンをたくさんつくりましょう。

感じいい〜♡
正しく
すばやく
感じよく!

34 指名された人が不在。相手になんて伝えたらいいの？

本人の代理としてお客様に接する

電話がかかってきた人がいつも在席しているとは限りません。外出中であったり、社内にいても会議中や接客中であったりして、席にいないこともよくあります。

そういう場合は、電話を受けたあなたの対応が大きな役割を担います。

では、どう対応すればよいのでしょうか。次の3段階で進めていきます。

1 謝る

「申し訳ございません」

せっかくお電話をいただいたのに、不在で申し訳ないという気持ちを示します。

2 状況を伝える

「ただいま○○しております」

状況によって答え方が違います。132〜133ページにシーン別の対応をまとめていますので、参考にしてください。

3 状況に合わせた対応を取る

対応は次の3パターンです。

①　折り返し電話をかけ直す対応を提案する
「戻り次第、お電話を差し上げるよう申し伝えますが、いかがでしょうか？」

②　自分で用件を聞いて対応する
「私でよろしければ、ご用件を承りますが、いかがでしょうか？」

③　こちらからはあえて提案せず、相手の意向を確認する
「いかがいたしましょうか？」

こうすることで、相手も安心して、次の対応や予定を決めることができます。

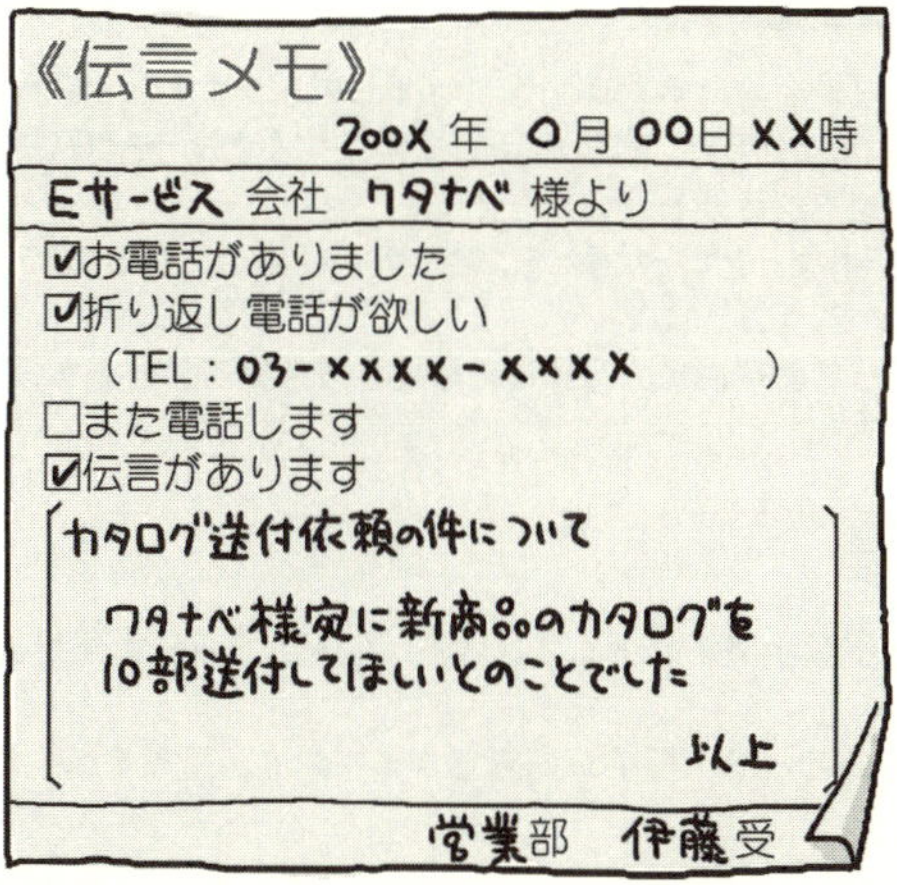
《伝言メモ》
200X年　0月　00日　XX時
Eサービス　会社　ワタナベ　様より
☑お電話がありました
☑折り返し電話が欲しい
（TEL：03-XXXX-XXXX　）
□また電話します
☑伝言があります
カタログ送付依頼の件について
ワタナベ様宛に新商品のカタログを
10部送付してほしいとのことでした
以上
営業部　伊藤受

本人が不在の時の電話応対のポイント

電話がかかってきた本人が不在の時の対応は、その仕方によって、与える印象や相手のスケジュールを大きく変えてしまうことがあるので、とても大切です。

以下にパターン別の対応をあげますので、きちんと使い分けましょう。

電話中の場合

「あいにく、ほかの電話に出ております」

と電話中であることを伝え、すぐに終わりそうなら、

「間もなく終わりそうですが、このままお待ちいただけますか？　それとも、終わり次第、折り返しお電話差し上げるよう申し伝えますが、いかがいたしましょうか？」

と相手の意向を尋ねます。

会議中・接客中の場合

よく使われている「ただ今、会議中で席をはずしております」、実はこの言い方はＮＧです。電話の相手より社内の用事を優先するという意味になってしまい、相手に不快感を与えかねないからです。

また、（誰と）面談中などといった情報は会社の機密事項になるので、伝える必要はありません。こういう時は、

「ただ今、席をはずしております。〇分後には戻る予定でございます」

とだけ、伝えましょう。

出張中の場合

「あいにく、〇〇は出張中でございます。明日（〇月×日）には出社の予定でございます」

いつ戻るかを伝えることで、相手が判断できますので、返事を待ちましょう。

所在が不明の場合

「さっきまでいたんですけど……？　ちょっとわからないですね〜」などとあいまいな受け答えでは、だらしない会社だと思われてしまいます。

また、休憩やトイレなどで席をはずしている場合は、「ちょっとお昼に……」「ちょっとトイレに……」などと正直に言う必要はありません。

この時もやはり、

「あいにく、○○はただ今席をはずしております」

とだけ、伝えましょう。

本人が休みの場合

「あいにく本日は休んでおります」と休みである旨を告げます。

長期休暇などの場合、会社によっては、相手に不快感を与えないため、「外部研修に出ております」という表現をする場合もあります。会社のルールを確認しておきましょう。

なお、このように状況を伝えたあとは、必ず対応の仕方を確認しましょう（P 131の3の③参照）。

また、いずれの場合も相手に「お急ぎでしょうか」と聞くのは、やはり失礼。急ぎでないことはないからです。

不在だった人には、伝言メモを渡します（P 131参照）。本人にメモを渡すまでは、あなたが責任を持つこと。緊急の用件なら「○○様からの急ぎのご伝言をご覧になりましたか？」と、口頭でも確認しましょう。

ただいま
席を
外しております
10分後には
戻る予定で
ございます

35 間違い電話がかかってきた時はどう対応すればいいの？

たとえ間違いでも電話の向こうはお客様

間違い電話だとわかっても、「違います」という否定語は使わないこと。人は否定されると嫌な気持ちになってしまいます。

間違い電話であっても、電話の向こうはお客様。もしかしたら取引先の人かもしれませんし、今は取引がなくても、将来お客様になるかもしれません。そのためにも、いい印象を残すことが大切です。

間違い電話だとわかったら、会社のPRのつもりで**もう一度会社名を名乗り、こちらの電話番号を伝えましょう**。そうすることで、相手は自分が番号を間違えてかけたことに気づくことができます。もしくは、

「こちらは○○会社営業部でございます。何番におかけでしょうか？」

と、番号を確認しましょう。

番号が合っている場合は、相手が記憶違いをしているか、手持ちの資料等の印刷ミス、伝言ミスが考えられます。その時は次のように伝えます。

「番号は合っておりますが、そちらは当方○○会社の番号でございます」

番号が合っているだけに、相手は不安に思うものです。ですから、間違いを責めるような口調にならないよう、声の調子に気をつけましょう。

番号が間違っていたら、「恐れ入ります。番号をおかけ違いのようですが……」と、伝えます。あえて語尾を濁すことで、やわらかな印象になります。

忙しい時の間違い電話ほど笑顔と明るい声で対応する。それがあなたの心のゆとりにもつながりますよ。

無言電話の対応の仕方

無言電話がかかってくることもあるでしょう。そんな時は、勝手にいたずら電話と決めつけないこと。相手が携帯電話やＩＰ電話を使用しているために、電波状況が悪い場合も考えられます。

そういう時は、こちら側の声が相手に聞こえていることも多いので、きちんとした対応をしましょう。１４４～１４５ページのお客様の声が聞こえにくい時の対応を参考にしてください。こちらの誠意は伝わるはずですよ。

36 間違い電話をかけちゃった。どうすればいい？

間違い電話であっても好印象を残そう

間違い電話をかけてしまい、焦って思わず受話器を置いてしまった経験がある人もいるでしょう。

反対に、忙しい時に電話に出て、名乗ったとたんに「ガチャン」と切られたことはありませんか？

自分が取るととっても不快な気分になる間違い電話。これは誰でも同じです。

だからこそ、相手先の電話番号は、相手の名刺や取引先名簿などでしっかり確認し、間違いのないように正しく番号を押しましょう。

うっかり間違えてしまったら、会社名をＰＲできるチャンスと思い、しっかり名乗りましょう。

「私、〇〇会社の□□と申します。××××－××××にかけたのですが、△△商事様ではありませんか？」

そして、番号が違う旨を指摘されたら、

「さようでございますか。大変失礼いたしました。もう一度調べてみます」

と言って、電話を切りましょう。

こうすれば、間違い電話であっても、「感じのいい会社ね」と、好印象を残すことができます。

また、自分が番号を押し間違えてしまったのか、メモの書き間違いなのか、原因の確認もできるため、同じ間違いをせずにすみます。

間違えた先もお客様です。丁寧さを忘れずに応対しましょう。

短縮ダイヤルに登録してある場合は、短縮番号を押し間違えないよう、とくに注意を。知っている方や取引先に迷惑をかけてしまいますし、そもそも「かけるつもりはなかった」なんて、言えませんからね。

さようでございますか
大変失礼いたしました
もう一度、調べてみます

37 怖い怖いクレーム電話。うまく収める対応の仕方は？

「きちんと対応」することでピンチをチャンスに

まず、クレームをマイナスに考えることはやめましょう。

会社側が気づかなかったことを、クレームは教えてくれます。責任感と誠意を持って対応すれば、会社にとってプラスになります。142～143ページに、対応のポイントをまとめていますので、参考にしてください。

クレーム対応時、電話を受けた人に不手際があると、「二次クレーム」につながることがあります。お客様の怒りをさらに大きくしないために、次の点に気をつけましょう。

1　お客様をお待たせしない

2　電話をたらい回しにしない

3　責任を回避しない　「私の担当ではないので」などと逃げないこと。

4　お客様の話をさえぎらない　最後まできちんと聞きましょう。

お客様としっかり真摯《しんし》に向き合い、誠実な対応を心がけること。そして、焦らずに、落ち着いて対応できるようになりましょう。

クレーム電話対応のポイント

1. 限定的なお詫びの言葉を伝える

まずは相手の感情を鎮めるために、お詫びをします。「誠に申し訳ございません」といった全面的なお詫びではなく、お詫びの対象を限定した言葉を使いましょう。

「お送りした商品が壊れていたということですね」

と、いったん相手の言葉を受け止め、

「ご迷惑をおかけして大変申し訳ございません」

または、

「ご不快な思いをさせてしまい、申し訳ございません」

と続けます。

2. クレームの詳細を聞く

クレームだとわかったら、その状況を把握することが大切です。

「恐れ入りますが、もう少々詳しくお聞かせいただけませんでしょうか？」

と、話を促します。

また、状況をしっかり把握するために、必ずメモを取りましょう。後々、対応策を考える際に役立ちます。

3. 相手の名前、連絡先を尋ねる

クレームの場合、先方が名前を名乗らずに話し続けることも多くあります。

相手の話が一区切りついたら、必ず、

「私、〇〇と申します。詳しくお調べいたしますので、お客様のお名前をお聞かせいただけますか？」

「恐れ入りますが、念のためご連絡先を教えていただけますか？」

と、名前と連絡先を確認しましょう。

4. 対処法を告げる

この時は必ず、調べて折り返し連絡するようにしましょう。折り返し電話にすることで、状況確認や原因追及、解決策を考える時間をつくることができます。

「恐れ入りますが、お調べするのに○分ほどかかります。○時○分にこちらからお電話させていただきたいのですが、ご都合はいかがでしょうか？」

と伝え、相手から了承を得たら、

「それでは、私、○○が承りました」

と忘れずに名乗りましょう。

5. 自分ではどうしても判断できない場合は、先輩や上司に取り次ぐ

自分が担当でないなど、相手からの質問への回答や対応がわかりかねる場合は、すみやかに担当する者や上司等に代わってもらいます。独断や適当な返事は、さらなるトラブルを招くことがあるので絶対ＮＧ。

「ただ今、詳しくわかる者におつなぎいたしますので、少々お待ちいただけますか？」

とひと言伝えてから、保留ボタンを押して取り次ぎましょう。

取り次ぐ際には、それまでに聞いた話の内容をすべて伝えること。相手に同じ話を２回以上させてしまうと、怒りが再燃することがあります。

口頭では時間がかかり、相手を待たせてしまいますので、それまでの経緯はメモで伝えましょう。

38 相手の声が小さくて聞こえない。なんて言えばいいの？

相手を責める言葉はご法度！　常に丁寧な応対をする

相手の声が聞こえにくい時に、「聞こえないんですけど」と言うと、相手は責められているように感じます。

何度も「えっ？　えっ？」と聞き返すのもNGです。

こういう時には、**電話回線のせいでよく聞こえない、というニュアンスをひと言入れ**、そのうえでクッション言葉と依頼形で、丁寧にお願いします。

「申し訳ございません。お電話が少し遠いようです。恐れ入りますが、もう一度おっしゃっていただけますでしょうか？」

それでも、どうしても聞き取れない場合は、次のような対応をしましょう。

「恐れ入ります。お電話が遠いようで、そちら様のお声が（何も）聞こえません。こちらの声は届いておりますでしょうか？」と尋ねてから、

「申し訳ございませんが、そちらのお声が届きませんので、改めておかけくださいますか？　お電話は切らせていただきます。失礼します」

と言って切れば、万一こちらの声が聞こえていても失礼な印象を与えません。

早口の相手には、丁寧な確認と「ゆっくり、はっきり」で解決

相手が早口のため、会社名などを聞き取れないということもあるでしょう。

そういう時は、丁寧に確認します。

「申し訳ございませんが、もう一度おっしゃっていただけますか?」

確認できたら、「ありがとうございます。○×商事の○○様でいらっしゃいますね。いつもお世話になっております」とお礼を伝えます。

ここでひとつ、おすすめの裏技を紹介しましょう。

それは、**第一声を「ゆっくり、はっきり」出すこと**。人は相手の速さに無意識に合わせようとします。あなたが「はい。(一拍)○○会社で、ございます」とゆっくり話すと、相手の話すスピードもついゆっくりになります。

なお、お客様の中には、名乗らずにいきなり「○○課長お願いします」と取り次ぎを依頼する方もいます。そんな時には、次のように言います。

「恐れ入りますが、お名前をお聞かせいただけますでしょうか?」

ちなみに、「お名前を頂戴《ちょうだい》できますか?」はNG。名前は物ではないからです。

この商品、今日注文したらいつ納品になりますか？
ボクの担当じゃないので、ちょっとわかりません
え！そんなこと言われても困るよ!!
ボクもわからないんで困ります
ちょっと!!
大変失礼いたしました！
こちらではわかりかねますので…
「わかりません」じゃダメなの？

39 「わかりません」と「わかりかねます」はいったい何が違うの？

お客様を不安にさせない肯定形の言葉を使う

わからないことを尋ねられた時に、**「わかりません」という否定的な表現を使うのはNG**です。投げやりでやる気がないように感じさせるので避けましょう。

こういう場面で使うのは**「わかりかねます」という肯定形の表現**です。

まず、すぐに答えられないことに対してお詫びしてからこの言葉を使い、そのあとに対策を伝えましょう。

「申し訳ございませんが、私ではわかりかねます。確認いたしますので、少々お待ちいただけますでしょうか?」

それからいったん電話を保留にし、すぐに資料を調べるなり、先輩や上司に確認するなどして、相手に正しい情報を伝えます。

「たぶん〜だと思いますけど……」とあいまいな情報を伝えるのはダメです。不確定な情報は、トラブルの元にもなりかねません。会社の信頼を損ねることにもなりますので、決してしてはいけません。

調べるのに時間がかかりそうな場合は、折り返し電話するようにします。

「申し訳ございませんが、すぐにはわかりかねます。確認して折り返しご連絡いたしますが、よろしいでしょうか？」

この時、必ず相手の電話番号と名前を確認しておくことを忘れずに。

確認でき次第、早めに連絡します。

ところで、「少々お待ちいただけますか？」の「少々」はどれくらいを指すと思いますか？

ビジネス電話では、保留にして相手を待たせる時間は30秒までです。**「少々」は30秒まで**と心得て、すばやく対応しましょう。

では、「折り返し」はどうでしょう？　**「折り返しご連絡いたします」として相手を待たせていい時間の目安は10分以内**です。

確認や対応を考えるのに時間がかかりそうなら、「夕方5時までには、ご連絡いたします」などと、あらかじめ長めの時間をお伝えしておきましょう。

期限を決めたら、必ずその時間までに連絡を入れること。時間が守れなければ信頼を失ってしまいます。

40 携帯電話にもビジネスマナーってあるの？

便利なだけに、使い方に気をつけよう

携帯電話は、他人に迷惑をかけない、公共の交通機関内で通話しない、病院内では電源を切るなど、基本のマナーを守ったうえで、次のようなことに気を配りましょう。

●相手の携帯電話にかける時

まず、**社名、個人名を名乗り、挨拶します**。続いて相手の状況に配慮し、**「ただ今お時間よろしいでしょうか？」**と尋ねましょう。

「今はちょっと……」という時には、「○○の件ですが、何分後にお電話すればよろしいでしょうか？」と相手の意向を尋ねましょう。

●携帯電話に出る時

まず、**社名を述べてから、次に個人名を名乗ります**。

電波状況の悪い場所で受信した場合は、**「申し訳ございません。ただ今移動中ですので、○分後にこちらからおかけ直しいたします」**などと丁寧にお詫びして、あとでかけ直しましょう。

歩行中に携帯電話が鳴ったら、道の端に寄って小声で話しましょう。

携帯電話のビジネスマナーを知っておこう

業務で使用する場合を除き、就業時間中は個人の携帯電話の電源をoffにしておく

会社から支給された携帯電話は、会社の電話と同様、私用は禁止です。個人的な用件でかかってきた場合は、就業時間外に個人の携帯電話でかけ直しましょう。

携帯電話の基本的なサービスを使いこなす

留守番電話サービス、メール機能、マナーモードなど、基本的な機能を把握し、時と場所に応じて使い分けましょう。商談中に大音量で着信音が鳴ってしまうのは相手に失礼ですし、とても恥ずかしいことです。

場所を選ぶ

携帯電話を使用する際は、電波状況が安定している場所を選びましょう。移動しながら話すと電波が途切れることがあり、相手が聞きづらいことがありますので控えましょう。また、マナーを守って、電車やバスなど公共の交通機関内、病院内では使用しないこと。乗る前にすますか、降りてから連絡しましょう（新幹線ではデッキに移動すること）。

どうしても電波の悪いところで使用せざるをえない時は、最初にひと言「携帯電話からで失礼します」と断りを入れましょう。

人と話している時は携帯電話を使わない

他社を訪問中や打ち合わせ中は電源を切っておきましょう。マナーモードにしていても、携帯の振動音は相手に聞こえて、気まずい思いをしてしまいます。また、時計やタイマー代わりに使うのも相手に対して失礼ですので、やめましょう。

情報漏えいに注意する

どこにライバル会社の社員がいるかわかりませんので、固有名詞や企業名などは出さないこと。また、大声で話さないこと。周囲に迷惑ですし、大切な情報が漏れる恐れがあります。

他社を訪問中、どうしても会社に確認すべきことができたら

商談中、会社に確認すべきことが出てきたなど、どうしても携帯電話を使用せざるをえない場合は、必ず「失礼いたします」とひと言断ってから席をはずし、会社にかけます。

折り返し、返事の連絡がかかってきた時も相手の前では話さず、「申し訳ございません。少しの間、席をはずさせていただきます」とお詫びし、離れた場所で話しましょう。

留守番メッセージの残し方

まず、間違いを防ぐため、「××会社の□□様のお電話でしょうか？」と相手を確認してから、「私、○○会社の△△と申します。いつもお世話になっております」と名乗ります。

その後、「本日はお見積もりの件でお電話いたしました」などと用件を簡潔に述べ、最後に「また、14時にご連絡いたします」「恐れ入りますが、メッセージをお聞きになりましたら、私の携帯電話にご連絡いただけませんでしょうか？　電話番号は、090-1234-××××でございます。よろしくお願いいたします」などと、こちらからもう一度連絡するのか、連絡が欲しいのか伝えます。

時間や電話番号など重要な部分は、相手が聞き取りやすいようにゆっくりはっきり発音しましょう。

❹❶ 名刺にある携帯電話の番号にかけてもいいの？

かけてもよいのか、事前に確認しておくこと

営業担当者など外出の多い相手から、会社の電話と携帯電話の両方の番号が印刷された名刺を受け取った場合、どちらにかければよいのか、悩みますよね。

受け取った名刺に携帯電話の番号が書かれていることに気づいたら、その時点で、**「ご連絡する時は、どちらにおかけすればよろしいですか？」と尋ねましょう。**

相手が「連絡は携帯電話にお願いします」と言った場合は、緊急ではなくても携帯電話にかけます。「会社にお願いします」と言われたら、緊急の用件であっても、まずは会社に連絡します。

そこで相手が外出中なら、「携帯電話の番号を教えていただきましたので、そちらにおかけしてもよろしいでしょうか？」と取り次ぎの方に許可を得たうえで、携帯電話に連絡しましょう。

携帯電話に連絡する時は、時間帯に注意します。会社にかけるのと同様、業務時間内にかけるのが基本です。朝一番や昼休み、休日は避けましょう。

また、携帯電話の気安さから、遅い時間にかけてしまいがちですが、失礼になりま

すのでやめましょう。

電話がつながったら、まず「○○会社の△△でございます。いつもお世話になっております」と名前を名乗り、きちんと挨拶します。

防犯などの理由から相手が名乗らない場合は、「△△会社の□□様でいらっしゃいますか？」と相手の名前を尋ね、確認が取れてから本題に入りましょう。

コール音を5〜10回鳴らしても相手が出ない場合は、会議中や電車で移動中など出られない状態であるということ。いったん電話を切りましょう。

留守番電話につながった場合は、きちんとメッセージを残しましょう（153ページ参照）。

着信履歴があるからいいだろうというのは、勝手な判断です。相手が不安にならないよう、気配りを忘れないように。

42 急いで連絡を取りたがっている人に携帯の番号を教えていいの？

勝手に教えるのはマナー違反

お客様や取引先から、不在の人の携帯電話の番号を尋ねられることがあります。しかし、**当の本人が教えてもいいと言っている場合を除き、携帯電話の番号や自宅の住所、電話番号などは教えてはいけません。**

「個人情報」だからです。

会社から支給されている携帯電話であっても同様です。教える教えないの判断基準は、お客様との関係性で決まります。したがって、本人にしかわかりえないことなので、本人に判断を委ねましょう。

急いでいるから、どうしてもすぐに連絡を取りたいと言われた場合は、**「それでは、私から○○に連絡を取りまして、□□様（電話をかけてきた相手）に直接ご連絡するよう申し伝えますが、よろしいでしょうか?」**と、こちらから連絡する旨を伝え、許可を得ます。そして、相手の連絡先を尋ねます。

電話を切ったらすぐに、本人に連絡を取り、事情を伝えましょう。

7

仕事の進め方

現在の状況は
このようになっています
報告
明日の会議について
変更したいそうです
連絡
自分としては
こうしたいのですが
どうでしょうか？
相談

43 上司がつかまらない時のホウ・レン・ソウはどうすればいいの？

上司の空気を読み、時間の予約を取ること

「ホウ・レン・ソウを忘れるな！」と、研修等で習った人も多いでしょう。「ホウ・レン・ソウ」とは、**「報告・連絡・相談」**のこと。この3つは、組織で仕事を進めていくうえでの基本です。

野菜のほうれんそうが新鮮なうちに食べないと栄養価が損なわれてしまうように、情報も新鮮なうちにやりとりすることが大切。適宜《てきぎ》、ホウ・レン・ソウを行いましょう。

仕事がすんだら、すぐに報告してください。仕事は報告してはじめて業務が完了したと見なされます。

「あの仕事、どうなった？」と聞かれる前に、自分から報告しましょう。

長期にわたる仕事の場合は、中間報告や連絡も忘れずに。今どんな状態なのか、順調に進んでいるのか、経過を報告しましょう。自分では、上司の指示どおりにしているつもりであっても、上司の意図と異なっている場合もあります。

上司から気づきをフィードバックしてもらうことで軌道修正ができたり、万一トラ

ブルが発生しても迅速な対応ができますから、必ず行いましょう。

上司がいつも席にいない場合や常に忙しそうな時は、上司の空気を読みます。**書類を読み終わった、電話が終わったなど、キリがよさそう、手がすいていそうという時を見計らって、「〇〇の件でご報告申し上げたいのですが、3分ほどお時間をいただけませんでしょうか?」とお伺いを立てる**とよいでしょう。

「今は忙しい」ということなら、「それでは、後ほどお手すきになりましたら、お時間をいただけますか?」と時間の予約をします。

忙しそうだから話しかけられないということでは、仕事は進んでいきません。自ら動いて、ホウ・レン・ソウのチャンスをつくりましょう。

なかなか席にいない上司には、メールを送る、あるいは簡単な文書を作成して上司の机に提出しておくのも有効です。

とくに報告は、スピードも重要。上司が多忙で留守がちなら、文書やメールで概略を報告し、後ほど口頭で確認を兼ねて行うとよいでしょう。

着実に「報告・連絡・相談」ができれば、信頼度もアップします。

column 11

仕事がスムーズにいくホウ・レン・ソウのコツとポイント

組織で仕事を進めていく基本となる「ホウ・レン・ソウ」、つまり、報告・連絡・相談は、単にすればいいというものではありません。

ホウ・レン・ソウをすることによって、状況把握や意思の疎通ができ、お互いの仕事をうまく回すことが、本来の目的だからです。

ポイントは、「必要な情報を必要な相手に、正確かつ確実に伝えること」。「些細なことだからいいか」と、勝手に判断することなく、きっちりホウ・レン・ソウをしましょう。

報告

報告とは、任された仕事について、その遂行の状況や結果について述べることです。ポイントは、次の4つです。

①**聞かれる前に行うこと**（仕事がすんだらすぐ）
②**指示を出した人にすること**（課長から指示を受けたことを主任に報告してもわからない）
③**まず結論を述べること**
④**長期にわたるものは、途中で報告すること**（できるビジネスパーソンは随時状況報告を欠かしません）

報告のコツは「5W3H」を意識して、簡潔にわかりやすく伝えること。次の表を参考に、考えをまとめてから伝えましょう。

WHEN	（いつ）	仕事の期限、納期
WHERE	（どこで）	会場、待ち合わせ場所など
WHO	（誰が・誰と）	自社及び相手先の担当者など
WHAT	（何を）	仕事の内容
WHY	（なぜ）	仕事の目的、理由
HOW	（どのように）	仕事の方法、段取り
HOW MANY	（いくつ）	人数、数量
HOW MUCH	（いくら）	金額、コスト

連絡

連絡は情報を関係者に知らせることです。

総務や人事、システム開発から全社員に向けての連絡（通達）や、グループリーダーからメンバーだけに向けた連絡など、縦方向だけでなくさまざまな連絡があり、誰もが発信者にも受信者にもなります。


連絡をする際のポイントは、**必要な情報は関係者全員に確実に伝えること。**

たとえば、当日の会場変更をメールで連絡しても、相手がメールを見なければ伝わりません。ＦＡＸもメール同様、相手が気づかない場合があります。

当日のことなど急な連絡は、メールではなく、電話して本人に直接伝えましょう。

日数に余裕があるなら、メールで連絡してもＯＫ。その場合は件名を「【重要】○月○日の会議会場変更のご連絡」など、受け取る側が気づきやすい内容にしておくとよいでしょう。


また、**連絡はまず上司に行いましょう。**上司の仕事の１つに管理業務があり、上司は業務の進捗状況などを把握する必要があるからです。

まず、上司に連絡。その後、連絡が必要な部署や人物、連絡する順番などを上司に確認したうえで連絡します。

相談

相談とは自分一人では解決できない問題や責任の範疇《はんちゅう》を超えた事柄が発生した時に、上司や先輩に指示を仰ぐことです。迷った時は勝手に判断せず、必ず相談しましょう。

相談する際に気をつけるべきポイントは、次の２つです。

①問題点をまとめておくこと
②自分なりの考えをまとめておくこと

「それで君はどうしたいの？」と尋ねられた時に、「自分としてはこうしたい」と自分なりの対処法を考えておくことが、ビジネスシーンにおける「相談」です。

44 「相談しろ」って言われるけど、どう話せばいいの？

迷った時は、素直に話してみること

仕事上のトラブルが発生した時や、自分では決めかねることがある場合は、一人で迷ったり抱え込んだりせず、上司や先輩に相談しましょう。

「ミスしたことを知られたくない」とか「『できない奴』だと思われたくない」などという気持ちから言い出しづらいかもしれません。

けれども、独断で処理したり、黙ったままでいたりすることで、大きなトラブルに発展し、会社が信頼を失ってしまうこともあります。

困ったことがあったら、早めに相談することが肝心です。

相談する際は、164ページで紹介した2つのポイントを準備してから上司や先輩に声をかけます。

「お客様から納期を1週間早めてほしいと依頼がありました。どう頑張っても2日しか早められそうにありません。どなたかに手伝っていただければ可能だとは思うのですが、よろしいでしょうか?」などと、伝えるとよいでしょう。

自分で考えてからアドバイスを受けることで、想像力や問題解決力を高めることが

できます。

相談を持ちかけるタイミングは、緊急時以外は、相手に聞く余裕のある時です。相手のすいている時を見計らって、

「ご意見を伺いたいことがあるのですが、ただ今お時間よろしいでしょうか？」

と声をかけ、アドバイスを受けたら、

「お忙しい中、ありがとうございました。大変勉強になりました」

と、感謝の言葉を伝えましょう。

解決したら、結果報告を忘れないこと！　相談を持ちかけられた相手は、「あれからどうなったんだろう？」といつまでも気にしているものです。報告がないと、「なんだ、心配して損したな。次からはもういいか」と思うようになります。

アドバイスと違う結果になってしまい、「言いづらいな」ということもあるかもしれませんが、忙しい中、時間をとって相談に乗ってもらったことに変わりはありません。「お陰様でこうなりました。ありがとうございました」と、感謝の気持ちを添えて、報告しましょう。

45 物事の優先順位ってどうやって決めるの?

緊急度と重要度を把握しよう

部長と課長から同時に急ぎの仕事を頼まれたら、どちらを優先すればよいか、判断がつきにくいですよね。

また、すでに取り組んでいる仕事があるため、すぐに取りかかれない場合は、中断してまですべきか、迷うことでしょう。

そんな時は、直属の上司に相談してください。

仕事は、緊急度と重要度の2つの観点から分類し、やるべき順番を決めていきます（170ページの表参照）。

1　緊急度

時間的な制約のある仕事は、緊急度が高くなります。

緊急ではなかったものも、ずっと放置しておくと、当然緊急度は高まってきます。

2　重要度

目標を達成するための根本となる仕事は、重要度が高くなります。

一方、必要な仕事でも代替のきくことやほかへの影響が少ないことは、重要度は低くなります。

自分がどの領域の仕事をしているかを意識して取り組むことが、効率的な仕事術につながります。

状況を判断して、優先順位を決めていきましょう。

緊急度と重要度、どちらも自分では判断しかねることは多々あります。

悩んだ時は、勝手な判断をしないで、必ず上司に相談しましょう。

物事の優先順位の決め方

① 緊急度が高くて、重要度が高いもの
例）締め切りのある仕事
② 緊急度が高くて、重要度が低いもの
例）突然の来客、電話・会議
③ 緊急度が低くて、重要度が高いもの
例）次の仕事の準備
④ 緊急度が低くて、重要度が低いもの
例）近況報告の電話・雑談

46 有給休暇を取るのに、なぜ上司の承諾が必要なの？

あなたが休んでいる間も仕事は動いている

有給休暇とは、文字どおり、お給料がもらえる休暇のこと。一般に、半年以上継続して勤務していると支給されます。

有給休暇を「当然の権利」と思っている人もいるかもしれません。権利なのに、なぜ上司の承諾が必要なのだろうと思っている人もいるでしょう。

なぜ承諾が必要か。それは、あなたが休んでいる間も仕事は動いているからです。**直前に申請して、急な仕事のスケジュール調整が必要になったりすると、周囲に迷惑がかかります。休暇を取りたい日が決まったら、早めに上司に申請しましょう。**

また、あなたが不在の間に、あなた宛てにかかってきた電話や来客に対応してくれるのは、職場の先輩や同僚、上司です。**休暇中の対応を依頼し、書類は誰が見てもわかるようにメモを付けておくなど、整理整頓しておきましょう。**

職場のみなさんは、自分の仕事があるにもかかわらず、あなたの仕事もサポートしてくれるのです。**お休みをいただけることへの感謝と、迷惑をかけることへのお詫びを、きちんと伝えましょう。**

休暇を取る日は、自分だけでなく、職場全体の仕事の状態を見て決めましょう。大きなプロジェクトが進んでいる時やキャンペーン期間中など、忙しい時期は避ける、同僚とスケジュール調整するなど、まわりへの配慮が必要です。

そして、**休みの前日には、「明日はお休みをいただきます。よろしくお願いします」と依頼のひと言を。**

休み明けには、「昨日はありがとうございました」と感謝のひと言を忘れずに。

47 お礼は、いつ、どうやって伝えればいいの?

親しき仲にも礼儀あり。感謝は必ずすぐに伝えよう

取引先との初回の面談から戻ったら、お礼状を出すくせをつけましょう。忙しい中、時間をつくってもらったことに対し、感謝の気持ちを表すのです。**お礼状はやはり、手書きがいちばん効果的。**年賀状でも、すべて印刷されているものより、手書きのメッセージが入っているほうがうれしく感じますよね。お礼状も同じです。

人は手間のかかり方で、相手からの重要度を判断することがあります。大切な用件で地位の高い人に面談してもらった場合は、必ず手書きのお礼状を出しましょう。タイミングは**「すぐに出す」**です。

なお、手紙を出すまでもないという場合は、お礼メールでＯＫ。訪問から帰ったら、すぐにメールを送りましょう（遅くとも2日以内に）。

お礼メールにはもうひとつ、効果があります。

もらった名刺を見ながら、相手のアドレスを入力するのは結構大変です。長いアドレスだと、入力ミスもありがちです。あなたから先にメールを出しておけば、相手に

入力の手間を取らせません。つまり、相手からのコンタクトが取りやすくなるわけです。

面談相手を紹介してくれた人がいる場合は、その人にもすぐにお礼と報告をしましょう。紹介は、そう気軽にできるものではありません。紹介した側は「どうなったかなぁ」と、結果が気になっています。

ですから、まず「このたびは、○○様をご紹介いただきまして、誠にありがとうございました」と、紹介してもらったことへのお礼を述べ、次に、結果を伝えます。

「お陰様で、△△会社○○様とお目にかかり、新サービスをご紹介することができました。この出会いを大切に、先方のご期待に添うべく、企画を練り上げていきたいと存じます」

もし、残念な結果であったとしても、「全然ダメでした」などといったストレートな表現は避けます。

「今はその時期ではないが、ご検討いただけるとのことでございました」など、相手が気まずい思いをしないよう配慮しましょう。

お礼状を書いてみよう

　お礼状は正式な文書なので、縦書き、黒色の万年筆で手書きします。

　手書きに自信のない人はパソコンで作成してもOK（手書き風のフォントを選ぶとよいでしょう）。その場合は、自分の名前と宛名は手書きしましょう。

主文

頭語

拝啓　向寒の候、貴社ますますご隆盛のこととお慶び申し上げます。

挨拶文

平素は格別のご高配を賜り厚く御礼申し上げます。

　さて、本日はご多用中にもかかわらず、お時間を賜り誠にありがとうございました。

　お陰様で数々の有益なご意見を拝聴し、誠に有意義な機会を得ることができました。私も大変勉強になりました。

賜りました御高閲は弊社商品に反映させてまいります。今後ともご指導いただければ幸甚に存じます。

まずは略儀ながら、書中をもってお礼申し上げます。

敬具

結語

平成二十六年〇月〇日

株式会社K談商事
営業部　伊藤陽菜

横川販売株式会社
営業部長　安田茂様

お礼メールを書いてみよう

最初に、メールの送り先となる相手の会社名、部署名、氏名を明記します。法人の場合は、正式名称で記載しましょう。

メールの場合は、頭語と結語は不要です。格式ばってはいないけれど丁寧な表現で、感謝の意を伝えましょう。

受信者

横川販売株式会社
営業部長　安田　茂様

送信者情報
挨拶文

K談商事の伊藤です。
本日は、お忙しいところ、お時間を割いていただきましてありがとうございました。

本文
終わりの挨拶

安田様から数々の有益なご意見をいただき、大変勉強になりました。
今後ともご指導くださいますよう、お願い申し上げます。

署名

****
株式会社K談商事　営業部　伊藤陽菜
TEL & FAX 03-××××-××××
E-mail　ito@×××.co.jp

文書で使うビジネス用語を覚えよう

お礼状やお詫び状、ビジネス文書には、当然、正しいビジネス用語を使用することがマナーです。よく使われるビジネス用語を紹介しますので、覚えておきましょう。

手紙・文書に使われる頭語と結語

頭語とは、手紙の書き出しに使う言葉で、相手に対する敬意を表します。しめくくりに使用する結語と対になっており、その組み合わせには決まりがあります。

	頭語（書き出しの言葉）	結語（結びの言葉）
一般的な文書	拝啓、拝呈	敬具、拝具、敬白
丁重な文書	謹啓、恭啓	敬具、謹白、敬白
急用の文書	急啓、急呈	草々、早々
前文省略の文書	前略、冠略	草々
返信の文書	拝復、敬復	敬具、敬白

ビジネス文書やメールでよく使われる表現

便利なメールでも、きちんとした書き言葉を使用することが必要です。

日常表現	ビジネス表現
教えてください	ご指導のほどお願い申し上げます
お目を掛けてくださいまして	お引き立てにあずかり
いろいろ考えてくださって	ご高配にあずかり
いらしてください	ご臨席賜りますようお願い申し上げます
お知らせとお願いをいたします	お知らせ方々お願い申し上げます
お調べのうえお受け取りください	ご査収ください
～の時には	～の折には、～の節には
お忙しいところ申し訳ございませんが	ご多忙中恐縮ですが

48 自分のミスじゃないのに、なんで謝らなきゃいけないの？

お詫びも大切な仕事。会社の一員として誠意ある対応を

仕事では、自分のミスでなくても、お詫びしなければならないことがあります。そういう時は、「なんで私が謝らなくちゃいけないの？」といった気持ちが起きるかもしれません。

しかし、どんな理由があろうと、たとえ自分のミスでなかったとしても、お客様である相手に、会社が迷惑をかけたことは事実です。そのことに対して、**会社を代表し、誠実にお詫びし、謝罪しましょう**。

社員であるということは、常に会社の代表でもあります。そのことを肝に銘じてしっかりお詫びし、適切な対応を取りましょう。

お詫びの仕方は次のとおりです。

1　迷惑をかけたことをお詫びする

2　解決策としてどのような処理をしたか（するか）報告する

3　今後このようなことがないよう注意する旨を伝える

トラブルが起きた時は、先方にお詫びし、一刻も早く対応することが大切です。

お詫びメールを書いてみよう

自分側に非があり、お詫びメールを送る場合は、誠心誠意、謝る姿勢が大切です。謝罪の気持ちと解決策を示しましょう。

例）取引先より、納品された商品が違うとメールで連絡があった場合のお詫びメール

Eサービス株式会社
渡辺様

K談商事の田中でございます。いつもお世話になっております。
この度は、私どもの手違いで、ご注文いただいた商品と異なる商品を
お届けしてしまい、大変申し訳ございません。
深くお詫び申し上げます。
早速調べましたところ、ご指摘のとおり、商品Aをお送りすべきところ、
商品Bが発送されていることが判明いたしました。
つきましては、ご注文どおりの品を本日、特急便にてお送りしました。
よろしくご査収くださいませ。
なお、着払い伝票を同封いたしました。
誤送品につきましては、お手数をおかけして大変恐縮ですが、
着払いにて弊社までご返送くださいますようお願いいたします。

今後、このような不手際がないよう、チェック体制をいっそう強化いたしました。
今回の件につきましては、何卒ご容赦くださいますようお願い申し上げます。

****
株式会社K談商事　営業部　田中隼人
TEL & FAX 03-××××-××××
E-mail　tanaka@××××.co.jp

8 飲み会

49 上司から飲みに誘われた時は断っちゃダメなの？

無理に応じる必要はないが、感謝の気持ちは忘れずに

仕事帰りなど、上司や先輩に食事やお酒に誘われることもあるでしょう。もちろん、**無理に応じる必要はありませんが、できれば快く受けたいもの。**

年配の上司から豊富な経験に基づく貴重なアドバイスを得られたり、先輩にじっくり相談することができたりと、**仕事についての有意義な情報交換はもちろん、職場ではできないプライベートな話をすることで、お互いを深く知ることができます。**相手との距離がぐっと縮まるかもしれません。

ただし、あくまで仕事の延長。礼節をわきまえた態度で接しましょう。

上司がご馳走《ちそう》してくれる場合は、お礼を言って甘えてOKです。きちんとお礼を言うことを忘れずに。

また当然ながら、**翌日は遅刻厳禁**です。自己管理能力が問われますから、そこは絶対に守りましょう。そして、**翌日も再度お礼を言うことが大切**です。

体調が悪い、予定が入っているなど、どうしても誘いに応じられない時は、上司を不快にさせない言葉を選んで、断りましょう。

「お誘いありがとうございます」
と、まずは誘ってもらったことへの感謝を示します。そして、そのあとに、**「せっかくのお誘いですが、あいにく、どうしてもはずせない予定が入っておりまして……」**と、続けます。「デート」など、理由を言う必要はありません。

「またの機会に、お供させていただきます」などと、本当は行きたいのだけれど、たまたま今日は行くことができない、だから、また誘ってほしいということを伝えましょう。

飲み会の席では、上司や先輩が「今日は無礼講だ～」などと言うことがあります。「礼儀や序列に関係なく、お酒を楽しもう」という趣旨で言っていると考えてよいでしょう。

しかし、「無礼講」だからといって、無礼をしていいわけでは、当然ありません。**あくまでも「仕事の流れで上司と飲んでいる」ということを忘れないように。**

羽目をはずしすぎ、飲みすぎて「昨日、部長に何かしたっけ？　何にも覚えてない」などということにならないよう、注意してください。

㊿ 接待ってどういうこと？ 何のためにするの？

接待は取引先との親交を深める機会

接待とは、取引先との親交を深めるために行うもの。会食したり、一緒にゴルフやカラオケなどを楽しんだりすることで、相手との距離を縮め、関係を深めます。

接待の場では、商談の場と違って、普段、仕事で話しているだけでは知りえない趣味や家族のことも話題に上ることがあります。

趣味や出身校が同じだとわかると、ぐっと親近感がわきます。こうした意外なつながりに気づくこともあるのが接待の利点。そのことが**人間関係の潤滑油となり、仕事においてもよい影響を及ぼす**ことになるのです。

接待を主催する場合は、限られた予算の中で、相手に最大限に喜んでもらえるように、事前にしっかり準備しておきましょう。

接待とは、おもてなしの場。相手に喜んでいただきたい、満足していただきたいと思う心が重要です。**楽しい接待にするためには、聞き上手になること**。相手の話に耳を傾け、うなずき、相づちを打って、聞いていることを示しましょう。

接待で大切なのは**「目配り・気配り・心配り」**です。

先方から「今日は楽しかったよ。今度はこちらが席を設けますから、ぜひご一緒に」なんて言葉が出たら大成功！　です。

お客様に心から楽しんでいただけるよう振る舞い、より親交を深めましょう。

接待における注意点

会食：相手の好みの料理や酒を調べておく。出身地の郷土料理や地酒は喜ばれるのでおすすめです。

相手が飲食業界、食品業界の会社、もしくはその系列である場合は、会場となるお店で取り扱っている商品についても確認し、相手先に合ったお店を選ぶこと（相手がS社ビールの関連会社なのに、K社ビールを取り扱うお店だったということのないよう、銘柄にも注意を）。

カラオケ：苦手な人もいるので、事前に確認すること。接待する側がマイクを放さないのは当然NG。雰囲気を盛り上げ、相手の歌をしっかり聞きましょう。

ゴルフ：相手の腕前を調べて、同じレベルのメンバーを選びましょう。

本作品は、二〇〇九年四月、あさ出版より刊行された『なんで挨拶しなきゃいけないの？マナーの「ナンデ？」がわかる本』を文庫収録にあたり、改題し、加筆、改筆したものです。

山田千穂子－人財育成コンサルタント、おもてなし道®グランドマスター。株式会社レインボーコミュニケーション代表取締役（http://www.rainbow-c.jp）。岡崎女子短期大学、愛知学泉短期大学非常勤講師。
愛知県瀬戸市在住。南山短期大学人間関係科卒業後、安田火災海上保険株式会社（現・損保ジャパン）にて支店長秘書、社員教育、代理店社員教育、キャンペーン企画運営等を行う。2000年より人材派遣会社にて企業の人材育成研修を企画・実施し、数多くの講師育成にも携わる。2007年3月、株式会社レインボーコミュニケーションを設立し、代表取締役に就任。年間250回以上の研修・セミナー等を実施。過去10年間で受講者は1万人以上にのぼる。おもてなし力を高める人財育成を体系化し、「おもてなし道®」として実践。人と企業のおもてなし力を高める人財育成に取り組んでいる。新人社員研修やビジネスマナー研修では、きめ細やかな指導で「デキル社員育成」と定評がある。

講談社＋α文庫　ビジネスマナーの「なんで?」がわかる本《ほん》
――新社会人の常識　50問50答

山田千穂子《やまだちほこ》

2014年2月20日第1刷発行

発行者――鈴木 哲
発行所――株式会社 講談社
東京都文京区音羽2-12-21　〒112-8001
電話　出版部(03)5395-3529
販売部(03)5395-5817
業務部(03)5395-3615

漫画・イラスト－横ヨウコ
デザイン――鈴木成一デザイン室
本文データ制作――講談社デジタル製作部
カバー印刷――凸版印刷株式会社
印刷――豊国印刷株式会社
製本――株式会社国宝社

落丁本・乱丁本は購入書店名を明記のうえ、小社業務部あてにお送りください。
送料は小社負担にてお取り替えします。
なお、この本の内容についてのお問い合わせは
生活文化第二出版部あてにお願いいたします。
Printed in Japan ISBN978-4-06-281547-5
定価はカバーに表示してあります。